しくみ図解

ビルメンテナンスが一番わかる

環境衛生管理・設備管理から保安警備まで解説

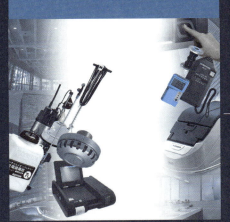

田中毅弘 監修

技術評論社

はじめに

「物の全きを保つ」、つまり、建築物あるいは設備をいつでも、いつまでも最高で快適な状態に維持することが、ビルメンテナンスの任務です。ビルメンテナンスは、華やかなる新築ビルの企画・設計と比較して、地味なイメージを抱かせますが、いつの世にも、建築物、設備がある限り、なくてはならない生業であり、世の中には、多くのビルメンテナンスの企業が存在して、地道に業務が遂行されています。

本書では、地味とはいえ、重要な任務を帯びている「ビルメンテナンス」を主題として、それらを支える技術と業務内容を、短時間で理解できるように、ふんだんなイラスト、写真を交えて、全国ビルメンテナンス協会の業務分類に準じて、体系的に、わかりやすく、楽しく学べるように心がけて解説しました。ビルメンテナンス業務に、これから従事される方々、従事し始めた方々、また再度、勉強し直したい方々など、活用の仕方は、親愛なる読者にお任せいたします。

ぜひぜひ本書を手にとって、触れていただき、ビルメンテナンスの正しい理解と技術知識を、ひとりでも多くの方が体得されることを希望します。また、ビルメンテナンスに関連した本書のシリーズも併せて学習していただければ、より知識が深まるかと思います。

最後に本書をまとめるにあたり、監修者の難し目の文章を、解きほぐしていただき、刊行まで暖かく見守り、ご尽力していただいた技術評論社殿をはじめ、編集を担当していただいたジーグレイブ殿の堀田展弘氏、安永敏史氏に感謝の意を申し上げます。

2015 年 1 月　田中　毅弘

ビルメンテナンスが一番わかる
―環境衛生管理・設備管理から保安警備まで解説―

目次

はじめに…………3

第1章 ビルメンテナンスの基礎…………9

1. ビルメンテナンスの概要…………10
2. 環境衛生管理業務…………12
3. 設備管理業務…………14
4. 保安警備業務…………16

第2章 清掃管理業務の実務知識…………19

1. 建築物清掃の位置づけ…………20
2. ビルクリーニングの作業管理、各所清掃方法…………22
3. ビルクリーニングの安全衛生…………24
4. 付着異物の発生原因と分類…………26
5. ほこり・汚れの除去…………28
6. ビルクリーニングの機械…………30
7. ビルクリーニング用具、器具…………32
8. ビルクリーニング洗剤…………34
9. 床材の特性と清掃…………36
10. 外装と外周の清掃…………38
11. 建築物の消毒…………40

CONTENTS

第3章 衛生管理業務 ………… 43

1 温度・湿度・気流の測定 ………… 44
2 浮遊粉じん、炭酸ガスの測定 ………… 46
3 一酸化炭素、ホルムアルデヒドの測定 ………… 48
4 その他の空気環境測定① ………… 50
5 その他の空気環境測定② ………… 52
6 高置水槽方式 ………… 54
7 その他の給水方式 ………… 56
8 水道水の水質基準 ………… 58
9 貯水槽の清掃 ………… 60
10 排水槽と排水ポンプ ………… 62
11 雑用水設備 ………… 64
12 排水管、厨房除害設備 ………… 66
13 給湯設備 ………… 68
14 ねずみ類の防除 ………… 70
15 ゴキブリ、蚊の防除 ………… 72
16 ハエ、ダニ類の防除 ………… 74
17 害虫の防除用具と薬剤 ………… 76
18 廃棄物の分類 ………… 78
19 建築物内の廃棄物処理と処理設備 ………… 80

設備管理業務············83

1　受変電設備············84
2　受変電設備の試験と検査①············86
3　受変電設備の試験と検査②············88
4　受変電設備の試験と検査③············90
5　保守点検············92
6　定期点検のための停電操作············94
7　点検作業の実施············96
8　臨時点検と事故時の対応············98
9　空気調和方式の種類①············100
10　空気調和方式の種類②············102
11　空気調和方式の種類③············104
12　冷凍サイクルのしくみ············106
13　冷凍機············108
14　冷却塔············110
15　ボイラー①············112
16　ボイラー②············114
17　ダクト············116
18　空気調和設備の管理············118
19　ガス設備············120
20　警報設備①············122

CONTENTS

21 警報設備②・・・・・・・・・・・・124
22 消火設備・・・・・・・・・・・・126
23 スプリンクラー設備・・・・・・・・・・・・128
24 誘導・避難設備・・・・・・・・・・・・130
25 地震対策・・・・・・・・・・・・132
26 エレベーター・・・・・・・・・・・・134
27 エスカレーター、機械式駐車場設備・・・・・・・・・・・・136

第5章 建築物・設備保全業務・・・・・・・・・・・・139

1 建築構造の種類と形式・・・・・・・・・・・・140
2 コンクリートの知識・・・・・・・・・・・・142
3 仕上材料の知識・・・・・・・・・・・・144
4 長寿命化の技術と耐用年数・・・・・・・・・・・・146

第6章 保安警備業務・・・・・・・・・・・・149

1 監視のためのシステム・・・・・・・・・・・・150
2 機械警備システム・・・・・・・・・・・・152
3 出入管理のためのシステム・・・・・・・・・・・・154

CONTENTS

 第7章 ビルマネジメント、関連法規など‥‥157

  1   ビルマネジメントに関する用語‥‥‥‥‥158
  2   建築物の評価システム‥‥‥‥‥‥160
  3   ビルメンテナンスに関連した法規チェック項目‥‥‥‥‥‥162
  4   法律上のトラブル事例とリスク①‥‥‥‥‥‥164
  5   法律上のトラブル事例とリスク②‥‥‥‥‥‥166
  6   建築物環境衛生管理技術者‥‥‥‥‥‥168

 コラム｜目次

天候とビル管理‥‥‥‥‥‥18
ハインリッヒの法則‥‥‥‥‥‥42
廃棄物の成分‥‥‥‥‥‥82
ビルメンテナンスに関する資格‥‥‥‥‥‥138
ファシリティマネジメント‥‥‥‥‥‥148
出入管理システムにおける生体認証技術‥‥‥‥‥‥156

第1章

ビルメンテナンスの基礎

ビルメンテナンスの業務とは、
建築物やその設備を使用しやすい状態に維持することです。
この章では、ビルを安全に使うために必要不可欠な
ビルメンテナンスの仕事の概要を説明します。

1-1 ビルメンテナンスの概要

●ビルメンテナンスの業務

　ビルメンテナンスの業務は、建築物やそこで使用されている設備を常に快適に利用できるように、最高の状態に維持することです。ビルメンテナンスは新築ビルの設計・施工と比較すると地味なイメージもありますが、建築物を安全に利用するためには不可欠で、なくてはならない重要な業務といえます。

　ビルメンテナンスの業務を内容によって分類すると、環境衛生管理業務や設備管理業務、建築物・設備保全業務、保安警備業務、その他の業務に分けることができます(図1-1-1)。また、関連した業務として、建築物のエネルギー管理があります。

●環境衛生管理業務

　環境衛生管理業務は、清掃管理業務と衛生管理業務に大別され、清掃管理業務は建築物内部清掃と建築物外部清掃に分けることができます。

　また、衛生管理業務には空気環境管理や給水管理、排水管理、害虫防除、廃棄物処理といった業務があります。

●設備管理業務

　設備管理業務とは、各種の設備における運転保守業務を行う仕事です。具体的には、電気通信設備や空気調和設備、給・排水設備、消防用設備、昇降機設備などの設備があります。

●建築物・設備保全業務

　建築物・設備保全業務は、点検整備を行う業務です。建築物構造部の点検調査と建築設備の点検検査に大別されます。

●保安警備業務

　保安警備業務は、警備業務と防火防災業務、駐車場管理に分けることができます。また、その他の業務として、ビルマネジメント業務や管理サービス業務があります。さらに関連した業務としては、建築物のエネルギー管理があります。

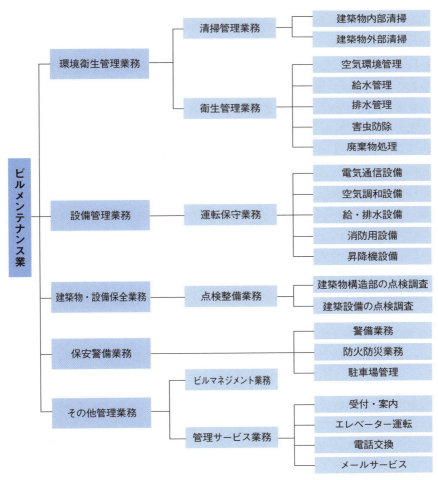

図 1-1-1　ビルメンテナンス業の業務体系

環境衛生管理業務

●清掃管理業務とは

　環境衛生管理業務は、清掃管理業務と衛生管理業務に大別され、清掃管理業務には建築物内部清掃と建築物外部清掃があります。

　清掃管理業務は、美しく衛生的な環境をつくるために欠かせない業務です。清掃を行うのは床面だけでなく、壁面や扉、什器・備品など立体面にも気を配る必要があります。各部屋の特性に合わせたバランスのとれた美観・衛生を維持することが必要で、ビルの用途によっても清掃管理の内容は違ってきます。また床材や壁材、金属材、石材などには多様な素材が使用されているため、これらの特性に合った清掃管理が大切になります。

　最近の清掃管理は、事後清掃から予防清掃に変わりつつあります。つまり、建物内に汚れを持ち込ませないことや、汚れる前に処置を行うことで定常的に美観・衛生を保持する清掃方法です。洗浄作業を排除したドライ方式は、現代のビルにふさわしい清掃方法だといえるでしょう。

　清掃管理業務は単純な清掃作業の積み重ねではなく、専門的な知識と管理能力が要求される仕事なのです。清掃管理業務の専門資格として「ビルクリーニング技能士」があり、多くのプロフェッショナルが養成されています。

●衛生管理業務とは

　衛生管理業務は、人工的空間であるビル内環境を衛生的に維持管理して、快適な環境を提供するための仕事です。衛生管理においては、「建築物における衛生的環境の確保に関する法律」（ビル管理法）に維持すべき環境基準が定められていますが（表1-2-1）、これらの基準が実際に守られているかどうかを測定・点検し、基準に合致するよう調整することが重要な業務となります。

　空気環境については、浮遊粉塵や温度・相対湿度・CO・CO_2・気流などの項目について、定期的な測定を実施します。また、飲料水については、残

留塩素の測定や水質検査を定期的に行い、貯水槽の清掃や給水管の洗浄なども行います。排水については排水槽・汚水槽の清掃や、排水設備の定期的点検を行います。さらに、ねずみやこん虫の防除については、衛生害虫の生態を調べ、統一的に駆除しています。

ビル管理法では清掃を含むこれらの業務を営業する者について、一定の基準を満たせば知事登録することができるとしており、登録されることは優良業者の指標となっています。

表 1-2-1　建築物環境衛生管理基準

	建築物環境衛生管理基準等	
空気環境の管理	1. 空気環境測定（機械換気設備は（4）、（5）除く） （1）浮遊粉じん：0.15mg/m³以下 （2）一酸化炭素：10 ppm 以下 （3）二酸化炭素：1,000 ppm 以下 （4）温　　　度：17～28℃（冷房時は、外気との温度差を著しくしない） （5）相対湿度：40～70％ （6）気　　　流：0.5m/s 以下 （7）ホルムアルデヒドの量：0.1mg/m³以下	
	2. 浮遊粉じん測定器の較正	
	3. 冷却塔・加湿装置・空調排水受けの点検等	
	4. 冷却塔・冷却水管・加湿装置の清掃	
給水等の管理	飲料水等の管理	1. 水質基準	（1）水道水のみ使用 　　　16・11項目、消毒副生成物の検査 （2）地下水など使用 　　　16・11項目、消毒副生成物 　　　全項目、有機化学物質、フェノール類の検査
		2. 給水栓末端の残留塩素	（1）平常時　：0.1ppm　以上 （2）緊急時　：0.2ppm　以上
		3. 貯水（湯）槽の清掃等	貯水（湯）槽の点検・清掃
		4. 防錆剤の濃度	
	雑用水の管理	1. 水質基準	（1）散水、修景、清掃用の水 　　　pH値：5.8～8.6 　　　臭気：異常でないこと 　　　外観：ほとんど無色透明 　　　大腸菌：検出されないこと 　　　濁度：2度以下 （2）水洗便所用の水 　　　（1）の「濁度」を除く全項目
		2. 給水栓末端の残留塩素	（1）平常時　：0.1ppm　以上 （2）緊急時　：0.2ppm　以上
		3. 雑用水槽の清掃等	容量、材質、水源に応じ適正な方法により実施
排水管理	排水に関する設備の掃除等	設備の補修、掃除等	
清掃・廃棄物処理	清掃（日常・定期清掃）	適切な方法で行う	
	廃棄物処理	衛生的かつ効果的な方法で処理する	
防除	ねずみ等の処理	ねずみ等の発生・侵入防止並びに駆除	
その他	冷却塔などの使用水の管理		

設備管理業務

●設備管理業務とは

　設備管理業務とはビル内の設備における運転保守業務のことで、電気通信設備、空気調和設備、給・排水設備、消防用設備、昇降機設備など設備別に分類することができます（図1-3-1）。
　ビル内にある数多くの設備機器の運転・監視、点検、整備、保全および記録の分析・保存をする業務で、建築物を総合的に動かす力強い業務ともいえるでしょう。

●コンピュータ化される設備管理

　最近のビル設備機器は、そのほとんどがコンピュータによって管理され、自動的にコントロールされており、監視も中央監視盤で行われるようになっています。
　電気、空気調和関係の設備をはじめとした各種のビル設備を運転するためには、それぞれの設備に法定の資格者が必要とされています。しかし、このようにビル設備がコンピュータ化され、システム化されてくると、設備機器全体に対する知識を持ち、その有機的連関をコントロールする技能も必要になってくるでしょう。

●ビル設備管理技能士

　このような状況に対応するため、平成8年（1997年）度から技能検定制度に基づく「ビル設備管理技能士」の検定が開始されました。1級と2級があり、2級は実務経験2年以上、1級は実務経験7年以上で受験が可能です。
　また、2級については、高校・大学・専修学校などで専攻科を卒業することや、職業訓練の終了など一定の条件を満たした場合も受験資格を得ることができます。
　これからの設備管理業務では各設備に対する専門的知識はもちろん、ビル

設備全般についての知識を持ち、それを制御する管理能力が不可欠になっています。そのための知識を身につけ、それを証明するために、資格取得が役立つでしょう。

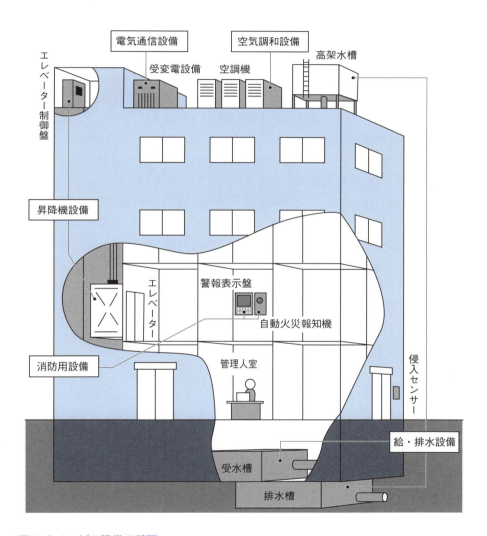

図 1-3-1　ビル設備の種類

1-4 保安警備業務

●保安警備業務とは

　保安警備業務は、ビル内に警備員が常駐して日常的に防犯・防火業務に従事することで、建築物と人の安全を守る仕事です。保安警備業務を大別すると、警備業務、防火防災業務、駐車場管理があります。

　近年では保安警備の自動化・システム化が進んでおり、立哨（りっしょう）や巡回などの業務のほか、防災センターにおける防災監視装置の監視や制御、それに基づく異常事態への緊急対応業務が重要性を増しています。

　このような状況から、防災センター従事者には専門的で、管理的な知識・技術が求められています。ビルメンテナンスでは、これらの警備業務および防火管理業務を設備管理や清掃管理などの常駐管理と一体となって遂行しています。

　なお、警備業は警備員の教育など警備業法に定められた一定の基準を順守できる認定業者だけしか営業することができません。また、防火管理業務には、消防計画の作成や各種の消防用設備の点検・維持管理などの業務がありますが、これらは消防法の規定に基づいて実施されます。

●警備業法における警備業務

　警備業について定めた警備業法では、次の4つを警備業務としています（図1-4-1）。

（1）施設警備業務

　ビルや一般住宅、遊園地や駐車場などの施設を警備するもので、「1号警備」と呼びます。センサーなどを設置して、離れたところで監視する機械警備業務も含みます。

（2）交通誘導警備業務または雑踏警備業務

　工事現場での誘導警備、祭礼や催しものなど大勢の人出がある場所での誘導警備で「2号警備」と呼ばれています。

（3）輸送警備業務
　現金や貴重品、核燃料などの運搬を警備するもので、「3号警備」といいます。
（4）身辺警備業務
　いわゆるボディーガードのことです。「4号警備」と呼び、携帯型の端末で身辺を見守るサービスなども含んでいます。

図1-4-1　警備業務の種類

❗ 天候とビル管理

　ビル管理業務において注意すべきことは、天候によっても異なります。

　たとえば、清掃業務であれば、利用者の傘や靴についた雨水がビル内に入り込めば床が滑りやすくなり、転倒事故につながる可能性があります。そのため、玄関にマットを敷くことや、モップなどで小まめに拭き取るなどの配慮が求められます。また、夏場には汗によってガラス面に手垢や指紋が付いて汚れやすくなるため、より丁寧な清掃が必要となるのです。

　一方、設備管理では、大雨や台風などで設備の破損や雨水の侵入などの被害が起きる可能性があるため、点検が不可欠になります。

　その他にも、近年では夏場の猛暑による作業者の熱中症対策や、ゲリラ豪雨発生時の浸水対策も求められます。ビル管理業務は、常に同じ仕事を繰り返すわけではなく、天候や季節、環境によって臨機応変の対応が必要となるのです。

第 2 章

清掃管理業務の実務知識

建築物の内外を清潔に保つことは、
建築物を使用する人が気持よく過ごすために重要な業務です。
目に見える部分だけでなく、
見えない部分の清掃にも気を配る必要があり、
適切な清掃を行うためにはごみや汚れの分類、
そしてそれに対応する道具の選定が大切です。

2-1 建築物清掃の位置づけ

●清掃の意義

　清掃は、建築物内外の異物を排除して建築物内外の環境を清潔に維持するために実施します。「ビルクリーニング」（図2-1-1）と「廃棄物の建築物内処理」の2つに大別され、前者の除去対象は「汚れ」「ほこり」など、後者の対象は「ごみ」などの廃棄物となります。

　清掃は、清潔感の追求のみならず、建築物内外における汚染物質の除去を通じて、直接的かつ継続的に環境衛生の維持改善をはかる業務です。清掃作業は、快適で衛生的な空間を提供するだけでなく、より質の高い生産活動を生み出すためにも重要な意味を持っています。

●清掃の目的と清掃の5原則

　清掃の目的には、環境衛生の確保や建築物の長寿命化、美観の向上などがあります。計画的かつ適切な方法で実施することが大切であり、そのためには以下のことを正しく知らなければなりません。これを清掃の5原則といいます。
①建材について：化学的性質、耐水性、吸水性、硬度など
②汚れについて：原因、種類、付着状態など
③洗剤について：働き、性質、種類、使用上の留意点など
④作業方法について：部材別・場所別作業方法など
⑤建材の保護について：床維持剤、防汚剤など

●清掃業務の留意点

　清掃業務は、常に衛生的な観点に立って行うことが必要です。業務内容は建築物の用途や規模、また使用状況によって異なりますが、どのような建築物であっても、綿密な作業計画と、建材などの条件に合った適切な方法、資機材の選定が必要であることに変わりはありません。

また、清掃業務は作業者の能力に頼るところがあるので、適切で安全な作業実施のために、作業員に対して作業方法はもちろん、環境衛生に対する知識や安全に対する十分な教育が必要です。

（写真提供：山崎産業株式会社）

図2-1-1　ビルクリーニングの道具と清掃業務の例

2-2 ビルクリーニングの作業管理、各所清掃方法

●作業場所による分類

同じ建築物であっても、汚れの程度や状況は場所によって大きな違いがあります。そのため清掃作業では、作業場所を「共用区域」「専用区域」「管理用区域」「外装区域」の4つに分けて考えます（表2-2-1）。

●作業周期による分類

清掃作業は日常清掃と定期清掃に分けられます。日常清掃は、原則毎日行う清掃作業をいい、定期清掃は、週に1回、月に1回、年に数回と、頻度が少ない清掃作業をさします。また、必要が生じた際に随時行う作業を臨時清掃といいます。

●作業計画の作成

清掃における作業計画は、以下の手順で作成します。①作業仕様書の内容把握、②作業基準表の作成、③作業量の把握、④作業時間の算出、⑤作業人員の算出、⑥作業計画表の作成、⑦作業実施記録の作成、⑧品質評価、⑨フィードバックサイクル

●便所・洗面所・給湯室の清掃

便所は使用頻度が高く、汚れやすい場所であるため、清掃作業として最も重要な場所です。日常清掃から見回りまで、常にきれいに保たれるよう注意しなければなりません。作業上の注意点として、清掃用具は色分けをするなどして便所専用とすること、作業には保護手袋を着用すること、作業中は表示板などを立て、使用者に注意をうながすことなどが挙げられます。

洗面所では、鏡と手洗い陶器まわりが汚れやすくなっています。鏡は水滴やくもりがないように磨きます。天井面まで鏡である場合など、手の届く範囲だけ行っていると拭きムラになり目立つので、注意が必要です。手洗い陶

器は、水垢が残らないよう洗剤を使用し、パットでこすり洗いをします。

給湯室は人の飲食と直接関わる場所なので、常に清潔を維持し、不快害虫の発生源にならないようにします。

●昇降機設備の清掃

エレベーターは利用頻度が高いため土砂などの持ち込みが多く、季節や天候の影響も受けやすい場所です。また、ボタンまわりや扉は手垢などの油溶性の汚れが付きやすいため注意が必要です。

エスカレーターでは日常の手入れとして、運転中のベルトを洗剤拭きか専用のシリコンで拭き上げます。スカートガードは、ダストクロスによる除じんと固く絞ったタオルで拭き上げます。踏み板、ライディングプレートは、真空掃除機による除じんを行い、専用洗剤または固く絞ったタオルで拭き上げます。

●壁・柱・天井・階段の清掃

壁は高所と低所に分けて考えます。高所は室内空気の汚れである粉じんや、たばこによるタール質などが、低所は人の接触による手垢などの汚れが多く、床面に近い壁面はヒールマークなどもあります。

階段には持ち込まれた土砂が多く、け込み部分は特に汚れやすい部分です。日常清掃は、ダストクロス型モップや真空掃除機による除じんがメインですが、定期清掃は建材によって方法が異なります。

表 2-2-1　清掃作業の分類（作業場所による）

共用区域	専用区域	管理用区域	外装区域
トイレや玄関、階段などは汚れやすいので、常に清潔維持に努める	事務室などの専用区域は清潔に努める必要がある	中央監視室などの管理用区域は、汚れは少ないが整理整頓が重要である	建築物の外面は、定期的な清掃が必要である

2-3 ビルクリーニングの安全衛生

●ビルメンテナンス業での事故

　建築物中での事故は、清掃などで働く人々と建築物を利用する第三者の両者に対して発生します。労働災害には、転倒、墜落・転落、はさまれ、巻き込まれ、衝突、切れ刺しなどがあります。

　ビルメンテナンス業の全国調査では、清掃作業における事故のうち、約4割が床洗浄作業時などの転倒事故、そして約2割が脚立の上からの落下などの墜落・転落事故となっています。

　このような事故の発生割合は、従来からあまり変化することがなく、転倒・転落の事故で約6割を占めます。

　ビルメンテナンス業は中高年齢者の割合が比較的多いため、労働災害も約70％を50歳以上が占めており、安全対策が重要になっています。

●安全衛生の点検と教育指導

　現場責任者は、従事者に安全に作業ができる技能や知識を身に付けさせるため、安全衛生教育を行わなければなりません。一般的に「KYK（危険予知訓練）」や「ヒヤリ・ハット報告」などを実施することにより行われています。

　ヒヤリ・ハット報告とは、日常の作業の中で「ヒヤリとしたこと」や「ハッとしたこと」を報告書で提出し、その事例を分析して対策や改善を行う活動のことです。これらのヒヤリやハッとしたことは無災害事故と呼ばれ、災害を未然に防止するために大切な情報を含みます。多くの情報を収集し、分析を行うことが非常に重要です（図2-3-1）。

●作業手順書の作成

　安全な作業を行うためには、作業の手順が無理なく無駄なくムラがないものでなくてはなりません。したがって、安全に・正しく・速く作業ができる

よう作業手順書を作成します。

　手順書の作成後はその手順が正しく守られているかを確認し、手順が守られなかった場合にはその理由を明らかにして、必要に応じて手順書の見直しや改善を行うことが必要です。

●作業の安全

　作業の中には危険をともなうものもあります。事故防止のためには、あらかじめ作業別にマニュアルを作成して指導する必要があります。特に、転倒やけがの危険性が高い床面洗浄、高所作業、機械作業および運搬作業には、細心の注意が必要です。

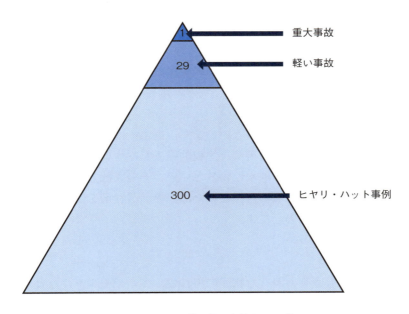

1件の重大事故の下には、29件の軽い事故と300件のヒヤリ・ハット事例があるといわれている

図 2-3-1　ヒヤリ・ハット事例が重大事故を防止する

2-4 付着異物の発生原因と分類

●汚れの原因と種類

建築物が汚れる原因には、自然的な原因と人為的な原因があります。また、汚れの種類は、粉状物質、親水性物質および疎水性物質、かさ高固着物、しみなどに分けることができます。

●粉状物質

いわゆる「ほこり」のことです。ほこりの粒子は煙などの粒子よりもはるかに大きく、粒径は $10 \sim 100\mu m$ 程度です。粒子が小さいほど空気中に長く浮遊していますが、徐々に沈降して床や家具などの上に付着します。

●親水性物質および疎水性物質

水になじむ汚れを親水性物質といいます。雨水や飲食物など、水分を介した汚れはほとんどが親水性物質で、比較的除去しやすいことが特徴です。一方、水になじまない物質を疎水性物質といい、その大部分が人の手垢などの油脂性物質です。油脂は水に溶けないため、界面活性剤を主剤とした洗剤や溶剤を用いて汚れを除去します。

●かさ高固着物

建材表面よりも盛り上がった状態の汚れで、ガムやモルタルなどが付着したものが代表的です。このように固着したものは、削り取るなど物理的な力を用いて除去します。

●しみ

しみは、ある一部分などの局所的な汚れで、液体をこぼしたときなどに発生します。そのため、液体が染み込みやすい繊維系の建材に多く見られます。しみには水溶性のものや油脂性のもの、またそれ以外がありますが、除去す

る際にはどの種類のしみかを見分ける必要があります。

●汚れの付着状態

　汚れの付着状態は、汚れ物質の性質や付着する建材の性質によって変わってきます。また、どの程度建材に付着しているかの状態によって、汚れの落ちやすさも変わります（表2-4-1）。

●汚れの予防

　汚れを予防することを予防清掃といいます。予防清掃は、汚れを付きにくくすることや、除去しやすくすることによって衛生や美観を向上し、作業の効率化をはかるものです。たとえば、建築物内のほこりは屋外から侵入したものが多く、屋外からの侵入を防ぐことができれば、建築物内のほこりを軽減できます。侵入を防ぐ方法として、入口に前室を設ける、入口に除じんマットを敷くなどが考えられます。

　また、汚れの付着の予防として、汚れが付着しにくく除去しやすい建材を使用することが望ましいでしょう。既存の建築物では、建材を汚れが付着しにくく、除去しやすい物に加工します。床材への床維持材の塗布がその代表です。

表2-4-1　汚れの付着状態

	のっている	吸いついている	ベタついている 固まっている	入り込んでいる	生えている
付着状態	・重力のみの作用で付着 ・簡単に飛散する	・静電気や磁力などの作用で付着	・粘性のあるものが表面についている また、乾燥して固定している	・液体が中に入り込んだ状態	・カビなどの微生物が入り込んだ状態
例	床のほこりなど	テレビをはじめ家電についたほこりなど	窓の外側の汚れ、キッチンの汚れ、浴室の皮脂や垢、トイレの尿石など	トイレの床、壁の尿ハネなど	室内窓パッキン、浴室のカビなど

2-5 ほこり・汚れの除去

●汚れ除去の基本

　清掃対象となるほこりや汚れは、汚れ物質の性質や状態、原因を考慮し適切な方法で除去しなければなりません。また汚れそのものだけではなく、汚れが付着している建材の性質も見極めなくてはなりません。汚れの除去方法には、「水で洗う」「洗剤液で洗う」「水拭きする」「薬剤で取る」「吸収させて取る」「削り取る」などの方法があります。

　また、汚れの性質によっても除去方法は変わるため、水溶性・親水性物質と疎水性・油脂性物質の除去に分けて考えます。

●粉状物質の除去

　粉状物質（ほこり）は、種類によって粒子の大きさが異なります。除去方法には、「払う」「たたき出す」「掃く」「吹き飛ばす」などの空気中に分散させる方法と、「水拭き」「から拭き」「湿らせたおがくずをまく」などの物に付着させて除去する方法があります。

●かさ高固着物の除去

　かさ高固着物は、粘着物質などが固まった状態で建材に付着しているため、まずパテナイフや、へらなどで物理的な力を加えることにより削り取ります（図 2-5-1）。その後、水や洗剤を用いて残った部分の除去を行います。

●しみの除去

　しみは時間が経つほど建材に強く染み付くため、早めに処置することが大切です。除去にあたっては、最初にその種類を見分けます。水溶性のしみであれば、湿ったタオルで軽く擦ると汚れがタオルに移りますが、油溶性のしみの場合は汚れが移らないため判断ができます。

　具体的な除去の方法として、チューインガムのこびり付いたしみの場合は

四塩化炭素を上に垂らし、軟らかくなったところをこそげ取る方法や、ドライアイスなどで固くして取る方法があります。また、コーヒーや紅茶などのタンニンを含むしみの場合は、中性洗剤で拭き取った後に、1％のシュウ酸の温液で拭き取ります（表2-5-1）。

（写真提供：トラスコ中山株式会社）

図2-5-1　かさ高固着物の除去に使用するへらの例

表2-5-1　しみの種類ととり方

しみの種類	しみのとり方
チューインガム	チューインガムがこびり付いた上に四塩化炭素を垂らし、軟らかくなったところをへらで取る。さらに、四塩化炭素を付けた布で拭き取る。また、簡便法として、ドライアイスでチューインガムを冷やし、硬くもろくなったところを機械的に取る方法もある
コーヒー、紅茶、コーラ	中性洗剤をスポンジやブラシなどに付けて軽くこすり、乾いた布で拭き取る。残ったタンニン分は、1％のシュウ酸の温液を付けた布で拭き取る。ほかに、グリセリンと水の等量混合液を使用して、硬めのブラシでこすり、その後、水でゆすぎ乾かす方法もある
インク	中性洗剤の濃い液を付けて拭き取る作業をくり返した後、濡れたぞうきんで拭き取ると、しだいに色が薄くなる。不用意にインク消しなどを使用すると、脱色を起こすこともあるので注意が必要
肉汁、卵、血液	中性洗剤で拭き取った後、水で練ってのり状にしたタンパク質分解酵素（プロテアーゼ）を塗り、しばらく放置する。その後、温布で拭き取る。この作業をくり返すと、しだいにしみが薄くなる
アルコール性飲料（ビール、ワインなど）	中性洗剤かカーペットシャンプーでしみを取り、さらに水でゆすいで乾かす。その後、1：3の食酢液で洗ってから水でゆすいで乾かす

2-6 ビルクリーニングの機械

●電気掃除機

　清掃作業は、使用中の建築物内においては、障害物や人が多い場所で行われるため、清掃用機械には安全であり騒音や発じんなどが少ないことが求められます。

　電気掃除機（真空掃除機）は、広範囲な除じんに用いられ、特にカーペットのような繊維系床材の清掃には欠かすことができません。真空掃除機は、ポット型と呼ばれる床移動型真空掃除機と、アップライト型と呼ばれる立て型真空掃除機、また携帯型真空掃除機の3種類に分けられます。

●電動床みがき機

　フロアマシンまたはフロアポリッシャーと呼ばれ、床面の洗浄や艶出しなどに幅広く使用されています（図2-6-1）。ブラシの大きさや回転数などによって多くの種類があり、清掃対象場所など用途に応じて使い分けます。近年は、レバー操作で洗剤液をブラシ部分に供給することができるタンク式フロアマシンが多用されています。

●自動床洗浄機

　床面の洗浄にともなう洗剤の供給とブラシによる擦り洗い、洗浄後の汚水回収を自動で行う機械です（図2-6-2）。機械を操作する人以外は、人手を要さない上、洗浄と汚水回収を同時に行えるため、営業中の場所などでも使用できる利点があります。ただし、機械が大型なため、狭い場所や物が多い場所での使用は困難です。

●じゅうたん洗浄機

　じゅうたん洗浄機には、構造によっていくつかの種類があります。スクラバー方式は、タンク式フロアマシンと同じ構造です。供給された洗浄液がブ

ラシの回転によって発泡して洗浄を行います。

　ローラーブラシ方式は、スクラバー方式を改良したもので、洗剤液を泡で供給します。水分が少ないため、布地の収縮やパイルを傷めるおそれが少ない反面、洗浄力はやや劣ります。

　エクストラクター方式は、ノズル先端から洗浄液を噴射した後、ただちに吸引する構造です。多量の水分を使用するため、耐水性のあるカーペットに使用します。

　スチーム洗浄方式は、ノズルから高温・高圧のスチームを噴射することにより洗浄します。高温・高圧なため、微生物をも殺滅することができます。

　パウダー方式は洗剤分を含んだパウダーを散布し、ローラーブラシでパウダーをパイルにすり込むことによって、汚れを付着させます。軽度の汚れには適していますが、重度の汚れにはスプレーなどの補助作業が必要です。

図2-6-1　フロアポリッシャーの例

図2-6-2　自動床洗浄機の例

（写真提供：山崎産業株式会社）

2-7 ビルクリーニング用具、器具

●ほうき・ちりとり

大きなごみの除去に用いられます。屋内外問わず幅広く用いられており、ほうき類はほこりを空気中に舞い上げる傾向があります。種類として、自在ぼうき（図2-7-1）、座敷ぼうき、小ぼうきなどがあります。また、ちりとりには、文化ちりとり、三つ手ちりとり、片手ちりとりなどがあります。

●モップ類

ビルクリーニングでの床面清掃に幅広く使われる道具です。種類として、湿式モップ、乾式モップに大別されます。とくに油剤処理をした乾式モップを使用する方法をダストコントロール法と呼びます。なお、乾式モップは、ほこりを舞い上がらせる心配が少ないため、病院などでも使用されています。

●ブラシ類

大小さまざまなものがありますが、フロアブラシは、きわめて大型のブラシで、床面を押し掃きすることによって、ごみを集める道具であり、ほこりを跳ね上げることがなく、作業も楽な道具です。デッキブラシは石やモルタルの床を擦り洗いするのに使用されます。

●スクイージー

スクイージーは、床面や窓ガラスなどの水を集める器具で、Ｔ字モップの毛の部分を細長い1枚のゴムにしたような形をしています（図2-7-2）。

●プランジャー

ゴムのカップに柄を付けたもので、ラバーカップとも呼ばれています。洗面所やトイレなどの軽い詰まりを吹きだす道具です。

●パテナイフ

主に建材に付着したチューインガムなどの、かさ高固着物をこそげ取るのに使用されます。

●モップリンガー（モップ絞り機）

ハンドルを動かすだけでモップを絞ってくれるため、洗浄作業などモップを使用した作業を効率良く行うことができます（図2-7-3）。

図2-7-1　自在ぼうきの例

図2-7-2　スクイージーの例

図2-7-3　モップリンガーの例

（写真提供：山崎産業株式会社）

2-8 ビルクリーニング洗剤

●洗剤・洗浄剤の種類

建築物で使用される主要な洗剤には、石けんと合成洗剤があります。石けんはアルカリ性で、水質公害の恐れがない点が特徴です。

合成洗剤は合成界面活性剤と助剤からなり、冷水や硬水にもよく溶けます。物の表面張力を低下させることによって汚れを離脱させ、水中に混和することで汚れを除去して汚れの再付着を防止する効果があります(図 2-8-1)。

●中性洗剤の性質

pH値が6〜8の洗剤で、洗浄力は普通ですが、塩化ビニル系・石材・陶磁器・リノリウムなど、どのような建材でも使用できます。建材を傷つける心配が少ないことも特徴です。

●弱アルカリ性洗剤の性質

pH値が8〜11の洗剤です。洗浄力は中性洗剤よりもやや強く、軽度の油などに使用できますが、建材によっては注意が必要です。

●強アルカリ性洗剤の性質

pH値が11〜14の洗剤で、強い洗浄力を持っています。特に油脂分の強い厨房などの汚れの除去に使用されます。ただし、建材を傷めるおそれがあるため限定した用途で使い、使用後は、すすぎをします。

●酸性洗剤の性質

pH値が3〜6の弱酸性と、pH値が3以下の強酸性があります。主にトイレの尿石除去や浴槽まわりなどに使用され、汚れを酸で溶解させて落とします。建材を傷めることもあり、特に大理石やテラゾなどの石材類、またカーペットなど繊維系床材には絶対に使用してはなりません(表2-8-1)。

●床維持剤

床の損傷を防ぐと同時に美観を高め、汚れの付着を防いで除去を容易にするものです。なお、床維持剤には木製の床に使用するフロアオイル（床油）や油性ポリッシュ（油性ワックス）、幅広い床材に使用できる水性ポリッシュ（水性ワックス）などの種類があります。

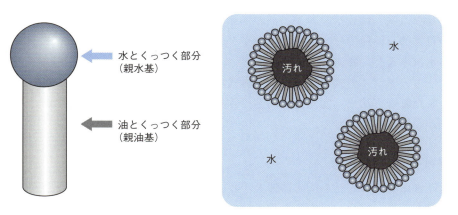

図 2-8-1　界面活性剤のしくみ

表 2-8-1　洗剤の pH による分類、長所と短所

pH 液性	長所	短所	汚れの種類
強酸性 （pH 1～3）	便器の尿石、石けんカスに対する効果が高い	材質に与えるダメージが大きい（特に天然石タイル・金属には影響大） 皮膚や目などに与える刺激が強い 塩素系漂白剤と混ぜると有毒ガスが発生して危険	・尿石 ・こびりついた石けんカス ・水垢
弱酸性 （pH 3～6）	汚れのひどくない石けんカスに効果		・湯垢 ・石けんカス
中性 （pH 6～8）	安全にどの場所でも使用できる素材への影響も少ない	洗浄力は弱い	・日常の軽い汚れ
弱アルカリ性 （pH 8～11）	洗浄力が高く、いろいろな汚れに適用	皮膚や目に与える刺激が強い 素材に与える影響が大きい	・普通の汚れ ・皮脂汚れ ・タバコのヤニ
強アルカリ性 （pH11～14）	油汚れに対する効果が高い		・しつこい油汚れ ・シミ

2-9 床材の特性と清掃

●弾性床材の清掃

　床材は弾性床材と硬性床材に大別でき、弾性床材にはアスファルト系やリノリウム系、塩化ビニル系、ラバー系などがあります（図2-9-1）。弾性床材の日常的な清掃では、真空掃除機やダストモップによる除じんと、モップでの水拭きを行います。

　一方のドライ方式は、ウェット方式による表面洗浄や剥離作業不要を目的とした管理方法で、安全性の高さや作業効率の良さがメリットですが、きめ細かな管理が必要です。

●硬性床材の清掃

　硬性床材には石材や陶磁器質タイル、コンクリート、モルタルなどがあります。石材の場合、日常的な作業では真空掃除機やダストモップによる除じんと、モップでの水拭きを行います。通常は中性洗剤か弱アルカリ性洗剤を使用します。

　コンクリートの床材の場合には、酸に弱い性質を持つため、中性洗剤か弱アルカリ性洗剤を使用します。また、陶磁器タイルではモルタル目地が洗剤に弱いため、強酸・強アルカリ洗剤の使用は注意が必要です。

●石材の種類

　硬性素材のうち石材は特に種類が豊富で、それぞれの種類によって扱いが異なります。花崗岩は、耐酸・耐アルカリ性に富んでいますが、目地に使用されている素材が酸類に弱いため、注意が必要です。

　また、大理石はアルカリに対しての耐性はありますが、酸性洗剤は組織を破壊するため使用できません。通常は中性洗剤か弱アルカリ性洗剤を使い、強アルカリ性洗剤の使用は控えます。

　大理石の砕石とセメントを混合したテラゾは、大理石と同様に石灰質であ

るため、酸類に弱い特徴があります。そのため酸性洗剤や強アルカリ性洗剤は使用できません。

●カーペットの清掃

カーペットは他の床材と性質が全く異なるため、高度なメンテナンス技術が必要です。定期的な作業には、スクラバー方式やローラーブラシ方式、エクストライター方式、スチーム洗浄方式、パウダー方式、バフィングパットなどの方法があります。

●木質系床材の清掃

木質系床材は水に弱く、収縮や亀裂を生じることがあるため、表面処理されていない場合は特に水の使用に注意が必要です。

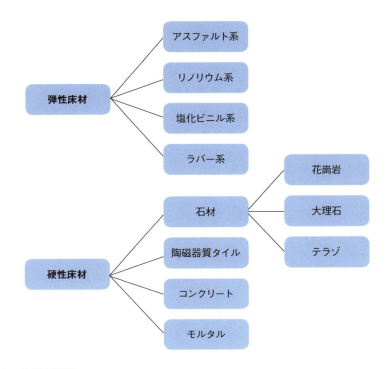

図2-9-1　床材の種類

2-10 外装と外周の清掃

●外装の汚れ

　大気中の粉じんなどが外装に付着したところに雨水がかかり、乾燥すると、雨水に含まれる物質とともに粉じんが固着します。そのため、大気汚染の激しい大都市や工業地帯、海岸地方では、外装の汚れが強くなる傾向があります。
　付着した汚れを放置すると強く固着して作業が困難になるので、年に1～2回程度、定期的にクリーニングを行う必要があります。外装も建築物内部と同様、仕上材の特徴を理解しておくことが重要です。

●外装清掃の手順

　外装部分の清掃では、最初に洗剤や薬品を使用してブラシで壁面をこすり、汚れを落した後に水で洗い流します。また、窓ガラスの清掃ではガラス専用モップに洗剤または水をつけ、スクイジーで水を回収します。この際には、汚れた水が垂れて周囲の壁面などを汚すことのないよう注意が必要です。また、金属製のスクイジーをガラス面にぶつけるとガラスを傷つけることがあります。

●ゴンドラ作業の注意点

　高所の清掃を実施する時は、建築物の外側に足場を組むか、あるいはゴンドラをおろして行います。ゴンドラを用いる場合は、ゴンドラ構造規格に合格したものを使用しなければなりません。
　超高層建築物などで用いられる自動窓拭き設備は、能率が良く作業者の危険もありませんが、仕上げは人に比べると十分ではありません。外装清掃では、水が外側に落下することや、安全のため、事前に保安要員の手配や道路使用許可が必要です（図2-10-1）。

●外周の清掃

　建築物の外回りの清掃では、通路のごみや落ち葉などの掃き掃除、床にこびり付いたガムなどの除去、植栽に捨てられたごみやタバコの吸い殻の回収、植栽への水やりなどを行います。

① 積載荷重を超える荷重をかけない

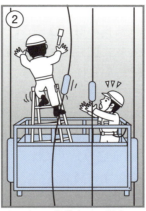

② ゴンドラの作業床で、脚立、ハシゴなどを使用しない

③ ゴンドラの作業員は操作位置を離れない

④ 作業を行う者は安全帯、命綱、保護帽を使用する

⑤ 作業箇所の下方には立ち入り禁止措置をする

⑥ 悪天候時には作業を行わない

⑦ 作業を行う場所には必要な照度を保持する

図 2-10-1　ゴンドラ使用時の注意事項

2-11 建築物の消毒

●建築物における消毒

消毒とは、病原微生物を殺滅するか、その発育能力を失わせることを意味します。なお、消毒では非病原性の微生物については考慮していません。

これに対して、病原性の有無に関わらず、すべての微生物を殺滅することを「殺菌」または「滅菌」といいます。

●建築物の消毒

一般環境での建築物の消毒は、平常時の消毒と感染症発生時の消毒に分けて考える必要があります。感染症の発生には、「病原体」「感染経路」「感受性宿主」の3つの条件が必要です（図2-11-1）。

平常時の消毒は、基本的に清掃作業の中に組み込まれています。床面や什器備品については、清掃後に消毒薬を含ませた布で拭く程度で良いでしょう。便所・衛生器具・ごみ置き場などは、汚染されやすい場所であるため、やや頻繁に消毒するようにします。

一般の建築物では感染症発生について考える必要はありませんが、もし感染症患者が発生した場合には、速やかに官公庁へ届出を行い、法律で定められた薬品による清掃を行います。

●消毒方法の分類と実施方法

消毒方法には、物理的方法と化学的方法があります。物理的方法には、煮沸・蒸気などによって熱を加える「加熱法」と、紫外線や放射線などを用いる「照射法」（図2-11-2）、ろ過や超音波などの方法があります。また、化学的方法では、消毒剤や殺菌剤などの化学薬品を用いて、病原菌を死滅または発育を阻止します。

●建築物の薬品管理

衛生管理担当者は、消毒薬品の種類と使用方法、また対象とする建築物について正しい知識を持っている必要があります。また、使用する洗剤が除菌剤洗剤どうかの確認を、MSDS（化学物質等安全データシート）によって実施しておく必要があります。

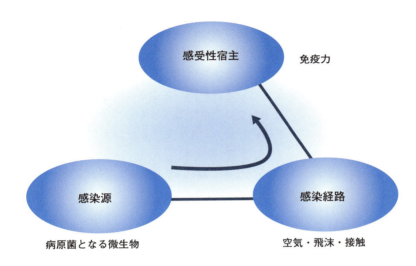

図2-11-1　感染症が発生する3つの条件

(写真提供：タカラベルモント株式会社)

図2-11-2　照射法で使用する紫外線消毒器の例

⚠️ ハインリッヒの法則

　ハインリッヒの法則は、ビルメンテナンスをはじめとした全業種の現場作業での労働災害防止に役立つ考え方です。"1件の大きな事故や災害の背景には、29件の軽微な事故や災害があり、その背景には300件の「ヒヤリ」としたこと、「ハッと」したことがある"というもので、「ヒヤリ・ハットの法則」や「1：29：300の法則」とも呼ばれます。この法則は、1929年にアメリカの損害保険会社の技術・調査部に勤務していたウイリアム・ハインリッヒ氏が論文の中で発表したもので、労働災害防止対策として広く知られているので、耳にしたことのある方も多いのではないでしょうか。

　「ヒヤリ・ハット」とは、"大きな事故にはならなかったけれど、危うく事故につながるところだった"という日常の小さなトラブルのことです。これらはそのままにしておくと、すぐに忘れてしまうものです。しかし、このような「ヒヤリ・ハット」を蓄積して共有することが、重大事故を防ぐために役立つのです。

第3章

衛生管理業務

空気や水の汚れは目で見ただけではわかりません。
ですので、空気や水をきれいな状態に保つことは、
専門的な知識に基づいて確実に行わなければなりません。
第3章では、空気や水の関連法令、
および汚染源となる廃棄物の関連法令についても解説します。

3-1 温度・湿度・気流の測定

●室内環境の測定項目

　ビルなどの建築物は、人々が快適に感じ、環境衛生上良好な状態を維持するための環境を保つ必要があります。そのため、建築物衛生法では特定建築物の室内環境の基準値が定められています。基準の項目には、温度や湿度、ダクト内の流速、粉じん濃度、一酸化炭素の濃度などがあり、それぞれに測定に使用する計器や測定方法、測定の頻度などが定められています。

　なお、基準に従った維持管理が定められているのは特定建築物のみですが、それ以外の建築物の場合も、多くの人が利用するものについては、これらの基準に従って維持管理をする努力義務が課せられています。

●温度の測定

　居室内の温度の基準としては、17℃以上28℃以下にすることおよび、居室の温度を外気の温度より低くする場合は、その差を著しくしないことが定められています。温度の測定には0.5℃目盛の温度計を使用して、2か月以内ごとに1回測定を実施します。温度計の種類には、アルコールや水銀を封入した液体封入ガラス温度計や、2種類の金属の膨張率の違いを利用したバイメタル温度計、白金やニッケルを利用した抵抗温度計、金属の温度による起電力の差を利用した熱電対温度計などがあります。

●湿度の測定

　居室内の相対湿度は、40％以上70％以下と定められており、2か月以内ごとに1回測定を実施します。測定に使用する湿度計には、乾湿球湿度計の1種であるアウガスト乾湿計（図3-1-1）や、それに通風機構を設けたアスマン通風乾湿計（図3-1-2）を使用します。

●気流の測定

　気流の基準は 0.5 m/秒以下となっています。こちらも温度や湿度と同様に 2 か月以内ごとに 1 回測定を実施し、測定に使用する機器としては、水の蒸発熱を利用したカタ温度計（図 3-1-3）や、検知部に電力を加えて測定する熱線風速計があります。

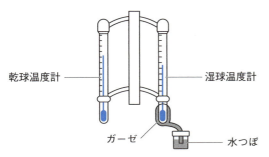

乾球温度計と湿球温度計を並べたもので、温度と相対湿度を求めることができる

図 3-1-1　アウガスト乾湿計

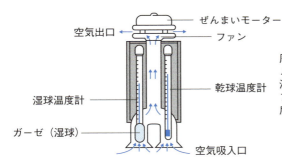

周囲の熱を防ぐクロムメッキされた金属中に湿球・乾球を内蔵し、ファンを使い一定の速度で通風する

図 3-1-2　アスマン通風乾湿計

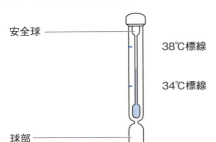

カタ温度計を温めておき、38℃標線から 34℃標線へ下がる時間から風の流速を求める

図 3-1-3　カタ温度計

3-2 浮遊粉じん、炭酸ガスの測定

●浮遊粉じんの測定

　粉じんとは、大気中の粒子状物質のうち粒径が10μm以下のものを指します。これら粒経の小さな粒子状物質は、体内に入った時に肺の奥まで吸収され、肺胞内や気道内へ沈着することで人体に影響を与えるおそれがあります。

　建築物環境衛生管理基準では、浮遊粉じんの量を0.15mg/㎥以下と規定しています。測定方法は、粉じんを捕集して評価する捕集測定法と、散乱光などを用いて直接粉じん濃度を計測する浮遊測定法に分けられます。代表的なものに、低流量質量濃度測定法、デジタル粉じん計、ろ紙じんあい計などがあります。

　なお、粉じん計の計測では、室内の粉じんと標準粒子との間に、化学的、物理的性質の差があるため、計測された濃度と実際の粉じん濃度に差が生じます。この差を補正するために定期的に校正を行うことがビル管理法で定められています。校正は1年以内ごとに1回、厚生労働大臣の登録を受けた者が行います。

●二酸化炭素の測定

　建築物の二酸化炭素濃度は、1000 ppm以下、つまり100万分の1000以下とすることが定められています。二酸化炭素の測定方法には、検知管法やガスクロマトグラフ法、水酸化バリウム法や光干渉計を使った方式などがあります。

　検知管は、ガス採取器（図3-2-1）とガス検知管（図3-2-2）で構成されており、このうちガス採取器はステンレス製の吸引ポンプです。ガス検知管はガラス管の中に青紫色の検知剤をつめて綿栓で止めて両端を溶封したもので、綿栓と検知剤が接触しないように間に赤色ガラス粒がつめてあります。

　光干渉ガス測定器（図3-2-3）は、ガスの屈折率が空気の屈折率と異なる

ことを利用して計測する方式です。

また、水酸化バリウム法は、水酸化バリウムの水溶液に二酸化炭素を吹き込むと白く濁ることを利用した方法です。

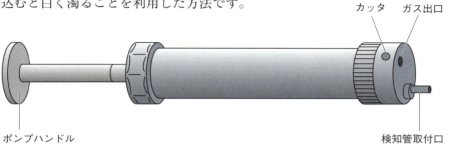

図 3-2-1　ガス採取器

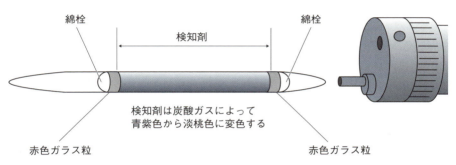

図 3-2-2　ガス検知管

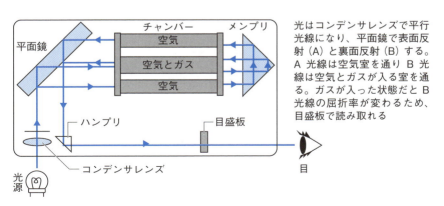

光はコンデンサレンズで平行光線になり、平面鏡で表面反射（A）と裏面反射（B）する。A 光線は空気室を通り B 光線は空気とガスが入る室を通る。ガスが入った状態だと B 光線の屈折率が変わるため、目盛板で読み取れる

図 3-2-3　光干渉ガス測定器

3-3 一酸化炭素、ホルムアルデヒドの測定

●一酸化炭素の測定

空気中の一酸化炭素濃度が上昇すると、頭痛やめまいなどの症状が起き、重症化すると昏睡や死に至ることもあるため注意が必要です。そのため、建築物内における一酸化炭素の含有率は、10 ppm 以下と定められています。ただし、特例として外気がすでに 10ppm 以上ある場合には 20ppm 以下となります。測定方法には検知管法や定電位電解法などがあります。

検知管法は、検知管と比色管、温度計、ガス採取器などで構成された器具を用います。検知管はガラス管の中に検知剤と吸着剤（シリカゲル粒）を交互に詰めて両端を溶封したもので、A 型、B 型、C 型の 3 種類があります（図 3-3-1）。また、比色管は、ガラス管に標準色に染めた色紙を入れて溶封したものです。

定電位電解法は、空気中に含まれる一酸化炭素をガス透過性隔膜を通じて電解槽中の溶液に吸収させ、所定の酸化電位を与えて酸化することで、その時に流れる酸化電流量から一酸化炭素濃度を測定する方法です。

●ホルムアルデヒドの測定

ホルムアルデヒドは、壁やフローリングなどの建材から発生するもので、粘膜を刺激してシックハウス症候群の原因となります。建築物環境衛生管理基準では 0.08 ppm 以下と定められており、測定方法を大きく分類すると精密測定法と簡易測定法に分けられます。

精密測定法にはアクティブ法とパッシブ法があり、アクティブ法は空気中のホルムアルデヒドに反応する DNPH カートリッジ（図 3-3-2）を用いて行います。DNPH カートリッジは冷蔵保存が必要となり、オゾンによって妨害を受けやすいため、コピー機などに注意が必要です。パッシブ法は分子の拡散原理によってサンプリングする方法です。簡易測定法には、検知管法、定電位電解法、光電光度法、電気化学的な燃料電池法などがあります。

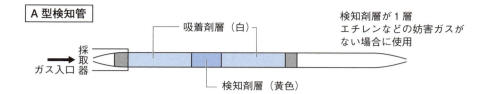
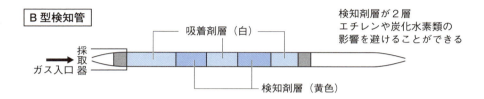
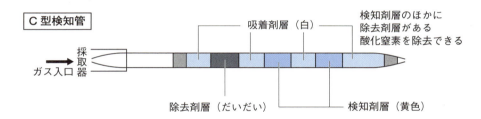

図 3-3-1　一酸化炭素検知管

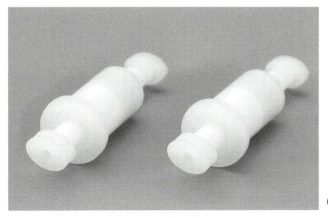

(写真提供：柴田科学株式会社)

図 3-3-2　DNPHカートリッジの例

3-4 その他の空気環境測定①

●揮発性有機化合物の測定

揮発性有機化合物（VOCs）は、大気中に気体の状態で存在するトルエンやベンゼン、フロン類といった物質のことで、光化学スモッグの原因にもなります。測定方法には、アクティブ法（加熱脱着法）とパッシブ法（溶媒抽出法）があります（図3-4-1）。

●酸素の測定

貯水槽や排水槽などでは、酸素濃度の測定を行います。測定方法には、ガルバニ電池方式（図3-4-2）、ポーラログラフ方式などがあります。

●窒素酸化物の測定

窒素酸化物（NOx）には、一酸化窒素（NO_1）や二酸化窒素（NO_2）があり、石油の燃焼などによって排出されます。大気汚染防止法で「ばい煙」に指定されており、光化学スモッグの原因にもなります。測定方法には、試薬との反応によるザルツマン法や、試料ガスとの混合による発光強度を測定する化学発光法などがあります。

●硫黄酸化物の測定

硫黄酸化物（SOx）には、二酸化硫黄（SO_2）をはじめ一酸化硫黄（SO）や三酸化硫黄（SO_3）などがあります。石油や石炭といった化石燃料の燃焼で排出され、喘息や気管支炎などの呼吸器疾患を引き起こしたり、酸性雨の原因となったりします。測定方法には、空気を過酸化水素に吸収反応させて測定する溶液導電率法と、紫外線の吸収によって硫黄酸化物から発生する蛍光強度を測定する紫外線蛍光法があり、いずれも連続測定が可能です。

●ラドンガスの測定

　ラドンとは自然界に存在する自然放射性核種で、気体として大気中に放出されることで室内空気汚染の発生源となります。気密性の高い建物では、ラドン濃度が高くなりやすいため注意が必要です。ラドンガスの計測方法は、パッシブ法とアクティブ法とに分類できます。

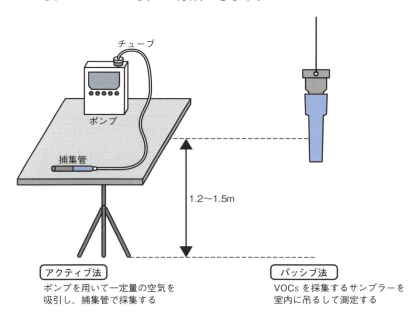

図 3-4-1　VOCs 測定方法

（写真提供：株式会社ジコー）

図 3-4-2　ガルバニ電池式酸素濃度計

3-5 その他の空気環境測定②

●オゾンの測定

　オゾンは強い酸化作用を持った気体で、喘息発作や慢性気管支炎、呼吸障害などを引き起こす原因となります。オゾンの測定方法には、ヨウ素法や紫外線吸収法、化学発光法のほか、オゾンの酸化反応による発色や脱色の量で判定する変色法、半導体の薄膜表面を酸化させた時の抵抗変化によって測定する半導体センサ法（図3-5-1）などがあります。なお、オゾンは不安定で濃度も激しく変化するため、測定時には留意する必要があります。

●臭気の測定

　臭気の測定法には、機器を使って臭気の原因となる化学物質濃度を測定する方法と、人間の臭覚を用いて測定する方法に大別できます。

●アスベストの測定

　アスベストは繊維状粉じんのひとつで、自然界に存在する繊維状けい酸塩鉱物という物質です。体内に吸い込むことで、じん肺や悪性中皮腫の原因となります。現在は使用が禁止されていますが、かつてはビルの保温断熱などによく使われていました。アスベストの測定も、一般の粉じんと同様の方法で実施します。

●ダニアレルゲンの測定

　ダニアレルゲンの測定法には、アレルゲンごとに行う免疫学的な方法とダニ数を計測する方法とがあり、免疫学的な方法にはサンドイッチ・イライザ法が、ダニ数を計測する方法には、ダニ検知シートによる方法や飽和食塩水浮遊法などがあります。

●浮遊微生物の測定

浮遊微生物にはカビやバクテリアなどがあり、真菌症などの感染症の原因となったり、アレルギーを引き起こしたりします。測定方法には衝突法や回転衝突法、空中菌落下量測定法などがあります。このうち衝突法は、サンプラー（図3-5-2）の中に培地をセットし、測定する空気を衝突させることで浮遊微生物を捕集します。

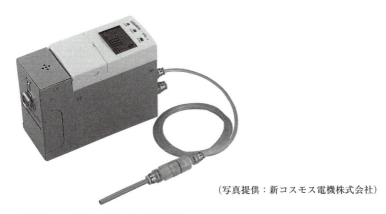

（写真提供：新コスモス電機株式会社）

図 3-5-1　半導体センサ法で使用する検知器

（写真提供：関西セイキ工業株式会社）

図 3-5-2　衝突法で使用する空中浮遊菌サンプラー

3-6 高置水槽方式

●高置水槽方式とは

　給水設備は、日常生活に必要不可欠な水を建築物内の必要な箇所に供給するための設備です。給水方式の代表的なものに、高置水槽方式があります。

　高置水槽方式は、ビルなどの屋上に高置水槽と呼ばれるタンクを設置して給水を行う方法で、一般的な建築物から高層建築物に対して広く用いられています。水道本管からの水を受水槽に貯水し、そこからポンプを使って高置水槽に組み上げます。高置水槽から各階への給水は重力によって行われ、高置水槽の水位が低下すると自動的に受水槽から組み上げるしくみになっています（図3-6-1）。

●受水槽

　受水槽（図3-6-2）には、鋼板製やステンレス鋼板製、プラスチック製、木製などがあります。飲料用の受水槽は、汚染を受けないように、また、保守点検が容易に行えるように配置（タンクの周壁と底部は60cm以上、上部は100cm以上のスペース確保）することが必要です。なお、床下ピットに受水槽を設置することは禁止されています。

　受水槽の容量は水道管の給水能力との関係で決定されます。水道管の給水能力が高ければ水槽容量は小さく、給水能力が低ければ容量は大きくなります。受水槽の容量を過大にすると残留塩素が消費されて、水が腐敗性を帯びてきます。そのため、受水槽の容量は1日の使用水量の半日分（50％）程度とされています。また、受水槽は水槽内の清掃を考慮して2層に分けるか、中間仕切りを設けるのが良いでしょう。

●高置水槽

　飲料水用高置水槽は、汚染を受けないように、また、保守点検を容易に行えるように配置することが必要です。雑用高置水槽の場合も、飲料水用高置

水槽に準じて設置します。いずれの水槽も保守点検や清掃を考慮して、2槽式とするか中間仕切りを設けるのが良いでしょう。

貯水量は、1日の使用水量の1/10程度とし、揚水ポンプの揚水量は20～30分で満水にできる能力のものを選定します。また、耐震を考慮して建築物の構造耐力上主要な部分に緊結しましょう。

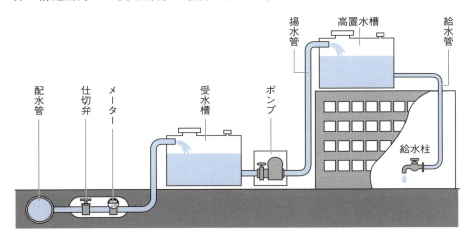

図 3-6-1　高置水槽方式のしくみ

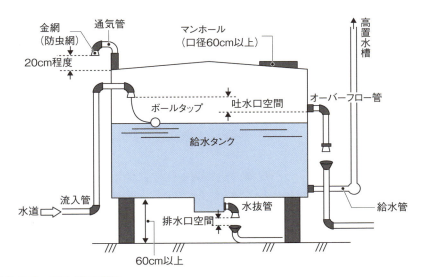

図 3-6-2　受水槽の構造

※受水槽の上部、底部、周壁は6面点検が可能であることが義務づけられている。
　6面のうち、上部は100cm以上、その他5面は60cm以上必要

3-7 その他の給水方式

●その他の給水方式

給水方式には高置水槽方式の他に、水道直結方式や圧力水槽方式、ポンプ直送方式などの方式があります（図3-7-1）。建築物の種類や規模によって選択されます。

●圧力水槽方式

高さの低い小規模建築物や住宅などで利用される方式で、受水槽から電動ポンプで水を汲み上げて密閉構造の圧力水槽に送り、そこから各階へ給水するしくみです。給水には圧力水槽内の空気をコンプレッサと呼ばれる機器で圧縮した圧力を使用します。高置タンクや輸水管が不要なため、高置タンク方式と比較すると経済的で、設置スペースを小さくできる利点があります。

●ポンプ直送方式

タンクなしブースター方式やタンクレスブースティング方式とも呼ばれ、高置水槽や圧力水槽は使用せず、代わりに数台のポンプを設置して必要給水量および給水圧を得るものです。ポンプ出口の圧力や流量を検出することで給水ポンプの回転速度を変えたり、ポンプの運転台数を変えたりすることで送水量を制御しています。

●水道直結方式

一般に、2階建て以下の小規模の建築物や住宅に使用される方式で、水道本管から分岐した水を直接給水します。水道本管と敷地内の給水配管の間には止水栓と呼ばれる器具が設けられ、水の使用量は量水器と呼ばれる羽根車を利用したメーターで計測しています。

●水道直結増圧方式

　水圧不足で給水できないような高所の水栓などにも給水できます。水道本管に増圧給水装置（ポンプ＋逆流防止機器）を直接接続して給水する方式です。受水タンクや高置タンクが不要なため省スペースで、空気に開放されないので水質が低下しにくい特徴があります。なお、建築物の規模、種類、地域によっては許可されない場合もあり、水道事業者によって異なった規定で運用されています。

水道直結方式

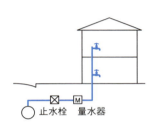

方　　式：水道本管の水圧によって給水
規　　模：低層・小規模建物
給水圧力：水道本管の水圧に応じて変化
　　　　　（地域差が大きい）
水質汚染：可能性が最も小さい
断 水 時：給水不可能
停 電 時：給水可能

水道直結増圧方式

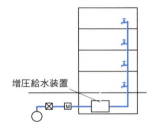

方　　式：増圧給水設備によって給水
規　　模：低中層・中規模建物
給水圧力：ほぼ一定
　　　　　（増圧ポンプの制御必要）
水質汚染：可能性が小さい
断 水 時：給水不可能
停 電 時：水道本管の水圧が利用できる低層は給水可能
　　　　　（発電機を設置すれば全階可能）

ポンプ直送方式

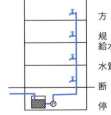

方　　式：直送ポンプによって給水
規　　模：中〜大規模建物
給水圧力：ほぼ一定
　　　　　（ポンプの制御必要）
水質汚染：可能性は比較的小さい
断 水 時：受水槽の貯留分は給水可能
停 電 時：給水不可能
　　　　　（発電機を設置すれば可能）

圧力水槽方式

方　　式：圧力水槽の圧縮空気によって給水
規　　模：小〜中規模建物
給水圧力：圧力水槽の圧力に応じて変化
　　　　　（圧力調整弁を設けないと水圧の変化は大きい）
水質汚染：可能性は比較的大きい
断 水 時：受水槽の貯留分は給水可能
停 電 時：給水不可能
　　　　　（発電機を設置すれば可能）

図 3-7-1　様々な給水方式

3-8 水道水の水質基準

●水道水の分類

水道水は、上水や雑用水、下水などに分類することができます。このうち上水は、飲料や人体に直接ふれる水のことで、有毒・有害物質の含有量や大腸菌などの水質基準があります。水道水の殺菌には、強い酸化作用を持つさらし粉などの塩素剤を使います。

雑用水とは、生活排水や産業排水を処理して循環利用するものです。中水道とも呼ばれ、用途によって必要な水質が異なります。主な用途としては、水洗便所用水や消火用水、屋外清掃用水、機器冷却水、ボイラー用水、融雪用水などがあります。

●飲料水の水質基準

水道によって供給される水は、水道法の水質基準省令等によって基準が定められています。近年では2003年に大幅な改正が行われ、さらにその後も最新の情報を元に頻繁に改正されています（表3-8-1）。

(1) 遊離残留塩素

給水栓末端において、遊離残留塩素濃度を0.1ppm以上（結合残留塩素の場合は0.4ppm以上）にすることが定められています。検査は7日以内ごとに1回実施します。

(2) 大腸菌・一般細菌

赤痢や急性胃腸カタルなどの原因となる大腸菌は「検出されないこと」と定められています。また、一般細菌は「1mlの検水で形成される集落数が100以下」であることが求められており、いずれも6か月以内に1回の検査を行います。

(3) 金属等

鉛や亜鉛、鉄といった金属とその化合物にも基準が定められており、6か月以内に1回検査を実施します。

(4) 消毒副生成物・揮発性有機化合物

シアン化物やクロロホルムといった物質は1年以内に1回の検査を行います。また、トリクロロエチレンやベンゼンなどの揮発性有機化合物は、3年以内に1回の検査が必要です。

表 3-8-1　水道水質基準（51項目）

基準項目	基準	基準項目	基準
一般細菌	1mlの検水で形成される集落数が100以下であること	総トリハロメタン	0.1mg/L 以下
大腸菌	検出されないこと	トリクロロ酢酸	0.2mg/L 以下
カドミウム及びその化合物	カドミウムの量に関して、0.01mg/L 以下	ブロモジクロロメタン	0.03mg/L 以下
水銀及びその化合物	水銀の量に関して、0.0005mg/L 以下	ブロモホルム	0.09mg/L 以下
セレン及びその化合物	セレンの量に関して、0.01mg/L 以下	ホルムアルデヒド	0.08mg/L 以下
鉛及びその化合物	鉛の量に関して、0.01mg/L 以下	亜鉛及びその化合物	亜鉛の量に関して、1.0mg/L 以下
ヒ素及びその化合物	ヒ素の量に関して、0.01mg/L 以下	アルミニウム及びその化合物	アルミニウムの量に関して、0.2mg/L 以下
六価クロム化合物	六価クロムの量に関して、0.05mg/L 以下	鉄及びその化合物	鉄の量に関して、0.3mg/L 以下
シアン化物イオン及び塩化シアン	シアンの量に関して、0.01mg/L 以下	銅及びその化合物	銅の量に関して、1.0mg/L 以下
硝酸態窒素及び亜硝酸態窒素	10mg/L 以下	ナトリウム及びその化合物	ナトリウムの量に関して、200mg/L 以下
フッ素及びその化合物	フッ素の量に関して、0.8mg/L 以下	マンガン及びその化合物	マンガンの量に関して、0.05mg/L 以下
ホウ素及びその化合物	ホウ素の量に関して、1.0mg/L 以下	塩化物イオン	200mg/L 以下
四塩化炭素	0.002mg/L 以下	カルシウム、マグネシウム等（硬度）	300mg/L 以下
1,4-ジオキサン	0.05mg/L 以下	蒸発残留物	500mg/L 以下
1,1-ジクロロエチレン	0.02mg/L 以下	陰イオン界面活性剤	0.2mg/L 以下
シス-1,2-ジクロロエチレン	0.04mg/L 以下	ジェオスミン	0.00001mg/L 以下
ジクロロメタン	0.02mg/L 以下		
テトラクロロエチレン	0.01mg/L 以下	2-メチルイソボルネオール	0.00001mg/L 以下
トリクロロエチレン	0.03mg/L 以下	非イオン界面活性剤	0.02mg/L 以下
ベンゼン	0.01mg/L 以下	フェノール類	フェノールの量に換算して、0.005mg/L 以下
塩素酸	0.6mg/L 以下	有機物	5mg/L 以下
クロロ酢酸	0.02mg/L 以下	pH値	5.8以上 8.6以下
クロロホルム	0.06mg/L 以下	味	異常でないこと
ジクロロ酢酸	0.04mg/L 以下	臭気	異常でないこと
ジブロモクロロメタン	0.1mg/L 以下	色度	5度以下
臭素酸	0.01mg/L 以下	濁度	2度以下

3-9 貯水槽の清掃

●清掃の準備

　貯水槽の清掃（図3-9-1）は、1年以内ごとに1回、定期的に実施することが定められています。清掃を実施するにあたっては、ビルの利用者や居住者にあらかじめ通知し、必要に応じて代替水も用意します。

　清掃実施にあたっては、デッキブラシやホース、バケツやモップなどの清掃用具を準備し、作業者は清潔な長靴を着用します。貯水槽が屋外にある場合には、天候の影響も考慮する必要があるでしょう。なお、清掃は受水槽、高置水槽の順に実施します。

●清掃の実施

　清掃の実施にあたっては、最初に貯水槽内部の点検を行い、塗装などに補修の必要な場所がないか確認します。また、末端給水栓からの水で残留塩素と色度、濁度、味、臭気を確認します。

　天井の上部にたまっているゴミやほこりはあらかじめ清掃し、受水槽の給水の元栓を閉め、水抜き管などから貯水槽の水を排水します。次亜塩素酸ナトリウムで消毒したデッキブラシやタワシを使って内部を水洗いしたら、残水を抜き取ります（図3-9-2）。

●消毒

　モップなどを使って次亜塩素酸ナトリウム溶液を水槽全面に塗布して30分間放置した後に水洗いして、もう一度消毒を行います。その後、完全に排水して30分以上放置してから、水槽内に水を張ります。

●清掃後の検査

　清掃完了後には、遊離残留塩素および色度、濁度、味・臭気について水質検査を実施します。残留塩素は0.2mg/L、色度は5度以下、濁度は2度以下、

味と臭気は異常がないことが基準となります。

●貯水槽清掃作業監督者

貯水槽清掃作業監督者は、貯水槽の清掃作業の監督を行うことができる資格で、講習の受講によって取得できます。

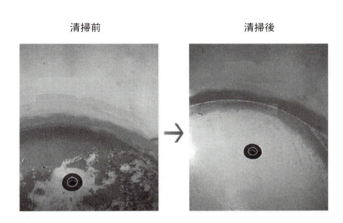

（写真提供：有限会社森山環境科学研究所）

図 3-9-1　貯水槽の清掃前後

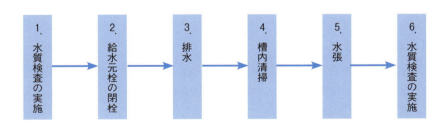

図 3-9-2　貯水槽の清掃手順

3-10 排水槽と排水ポンプ

●排水槽の構造

　建築物の床下や屋外で排水をいったん貯留するために設ける槽を排水槽といいます。水槽は貯留する排水の種類により、汚水槽、雑排水槽、雨水槽および湧水槽に区分して設置されます。排水槽は十分な強度をもち、排水漏れがなく、槽内部の臭気も外部に漏れない構造として、底部には吸込みピットに向かって1/15〜1/10の勾配を設けます（図3-10-1）。

●マンホールと通気管

　排水槽は、定期的に内部の点検・清掃が義務づけられており、人が容易に出入りできる大きさの有効径60cm以上のマンホールを設けます。なお、排水用水中ポンプが設置されている槽のマンホールは、ポンプの出し入れが可能な大きさと位置とします。

　また、排水槽には、直接外気に解放された単独の通気管を設ける必要があります。これは、槽内で発生する下水ガスや排水とともに排水管から入ってくる空気の排気、排水ポンプ運転時の排水槽内への空気補給を目的としています。

●排水槽の清掃

　排水槽の清掃作業時は、酸素欠乏危険作業主任者の資格所有者が作業を指揮します。なお、作業前には、排水槽内の酸素濃度が18％以上であり、硫化水素濃度が10ppm以下であることを確認しておきします。

●排水ポンプの構造

　建築物の地下部分で発生した排水は、いったん排水槽に貯留した後、排水ポンプ（図3-10-2）によって建築物外の排水ますに排出します。通常、排水ポンプは、1つの排水槽に2台設置し、平常時は交互運転を行い、流入量が

異常に多くなり、1台の運転では追いつかなくなった場合などには2台を同時に運転する方法をとっています。水中ポンプには脱着装置を設け、保守・点検の際は、排水槽の点検マンホールの外まで引き上げることができる構造となっています。

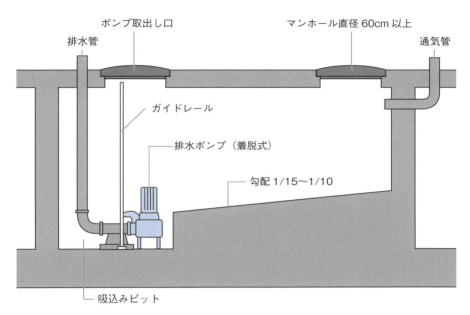

図 3-10-1　排水槽の構造

（写真提供：株式会社川本製作所）

図 3-10-2　排水ポンプ（排水槽内で設置される水中ポンプ）の例

3-11 雑用水設備

●雑用水設備とは

　雑用水の水源には、建築物内で発生する排水の再利用、雨水、井水(地下水)、工業用水などがあります。排水や雨水を原水とする場合は、排水再利用設備(雑用水処理設備)が必要となります。処理をした雑用水を建築物内に供給するために、受水槽、ポンプ、配管などの設備が設けられます。

●排水再利用設備

　建築物内で発生した排水を雑用水として用いる場合、スクリーン→流量調整槽→生物処理槽→沈殿槽→ろ過装置→消毒槽という過程で処理を行います。なお、浄化槽でもこれと同様のプロセスが利用されます。

●雑用水受水槽

　耐食性および耐久性のある材質のものを選定し、雨水、井水や排水再利用水を利用する場合は、上水の補給装置を設けます。雑用水を便器洗浄用のみに利用する場合は、雑用水受水槽を建築物の最下階の二重スラブ内に設置可能ですが、散水・清掃用水として利用する場合の雑用水受水槽は、飲料用受水槽に準じた点検が可能な設備とします。

●クロスコネクション

　雑用水配管が飲料用水配管と誤って接続されることをクロスコネクションと呼び、衛生上重大な支障が生じるおそれがあります。特に竣工後に改修した場合は、その危険性がさらに大きくなるため注意が必要です。
　直接クロスコネクションと間接クロスコネクションがあり、このうち直接クロスコネクションは上水の配管と雑用水などの配管が直接接続されてしまう状態です(図3-11-1)。
　間接クロスコネクションには、上水系統の断水で給水管内が真空状態にな

り、給水栓などから排水を吸い込んでしまうバックフローや、受水槽や高置水槽への雨水の侵入などがあります。バックフローを防止するための器具には、給水管が真空にならないように空気を送るバキュームブレーカー（図3-11-2）があります。

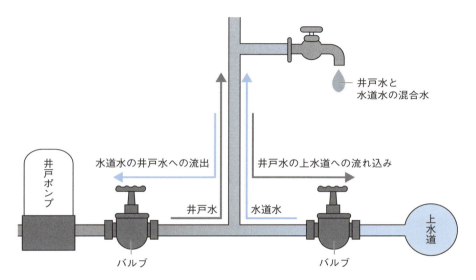

図3-11-1　直接クロスコネクション

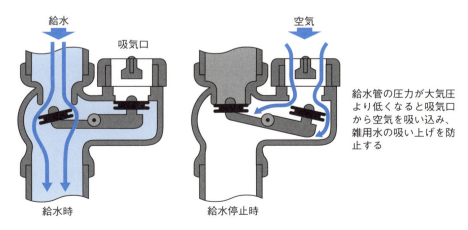

図3-11-2　バキュームブレーカー

3-12 排水管、厨房除害設備

●排水管と通気管

建築物内で使用した排水は、排水管を通って流れ出します。この時、排水管に空気を取り入れるために使用するのが通気管です。通気管は、排水管の上部に大気に開放した管を設置したもので、排水管内が真空になることを防ぎます。

●トラップと封水

洗面所などから流れた排水は、排水管のトラップと呼ばれる部分を通って排水されます。トラップは、排水管がS字やU字などに曲がったもので、封水と呼ばれる水が貯留されています。これにより、下水からの悪臭や害虫の侵入を防ぐことができるのです。トラップの封水が減少することを破封と呼び、原因としては水を一気に流した時に起きる自己サイフォン現象や、髪の毛や糸くずによる毛管現象などがあります。トラップの種類には、S型、P型、U型、椀トラップ、ドラムトラップなどがあり（図3-12-1）、排水口の種類や排水の方向などによって使い分けられています。

●厨房除害設備

旅館やベッド数が300以上の病院の厨房ならびに一定規模以上の厨房を持つ事業所は、水質汚濁防止法に基づく特定施設に該当します。これらは厨房除害（除外）設備として、下水道法で除害施設の設置等が義務づけられています。

厨房などの排水は、BODやSS濃度、油分が多いため、排水処理をしてから下水道に放流します。処理方法には浮上分離法と生物処理法があります（図3-12-2）。

●グリース阻集器

厨房排水の油脂類を除去するには、グリース阻集器と呼ばれる設備を使用します。厨房排水設備をバスケット状の容器にため、その中で油脂類を分離し、さらに数枚の仕切板を経て排水することで、油脂類が排水管へ流れ出ることを防ぎます。

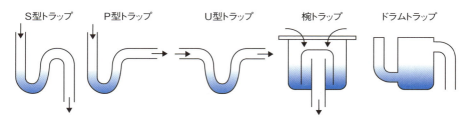

図3-12-1　トラップの種類

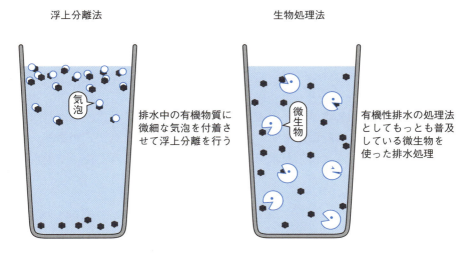

図3-12-2　浮上分離法と生物処理法

3-13 給湯設備

●中央給湯方式

　給湯設備は、上水を加熱してビル内の各場所の給湯栓へ供給するためのものです。給湯方式は、直接加熱給湯方式と中央加熱給湯方式に分けることができます（図3-13-1）。

　直接加熱給湯方式は、使用箇所ごとに湯沸器を取り付けて水を加熱する方法で、小規模のビルや一般家庭で使用されています。湯沸し器には電気やガスなどがあり、代表的なものにガス瞬間湯沸し器があります。

　また、太陽熱を使用した給湯方式もあり、この場合は屋根などに設置した集熱器で集めた太陽熱で貯湯槽の水を加熱します。太陽熱だけでは加熱が十分でない場合には、補助加熱装置で加熱してから供給されます。

　中央加熱給湯方式は、機械室に設置した貯湯槽と呼ばれるタンクに貯めた上水を、ボイラーからの蒸気や温水を使って加熱するしくみです。給湯管のみで供給する単管式と、給湯管と返湯管を設置し、ポンプによって配管内の湯を強制循環させる複管式の2種類があります。

●温水器による給湯方式

　温水器とは、法的にボイラーに該当しない給湯設備のことで、温水器内のコイルで水を加熱して給湯します。温水器には大気圧式と真空式があり、大気圧式では容器内に満水にした水をバーナーで加熱し、これを使って上水の加熱を行います。

●逃し管と伸縮継手

　逃し管は、給湯装置を安全に使用するための装置です。配管内の水の圧力が異常に上昇すると、配管や容器を破壊するおそれがありますが、これを防止するために膨張した湯を開放式膨張水槽へ放出する役割を持っています。

　また、給湯配管は、配管内の水温の変化によって膨張・伸縮します。伸縮

継手は、この変化に合わせて配管を伸縮させるためのもので、ベローズ型やスリーブ型、ベンド型などがあります（図3-13-2）。

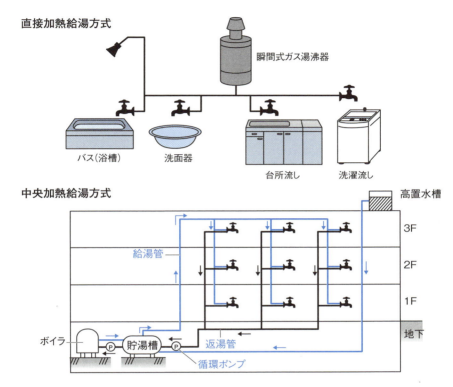

図 3-13-1　直接加熱給湯方式と中央加熱給湯方式

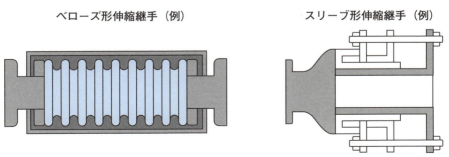

図 3-13-2　ベローズ型伸縮継手とスリーブ型伸縮継手

3-14 ねずみ類の防除

●ねずみ類の生態

　ねずみは、有害獣ともいわれ、文字どおり人に対して害を与える動物です。建築物など人間社会に適応し、知能が高く学習能力もあります。また、火災や感染症を引き起こす危険性も持っています。建築物に生息するねずみは、ドブネズミ、クマネズミ、ハツカネズミの3種類に分けることができます。

　このうちドブネズミは体格が大きく、水平方向の行動を得意として、床下や地下、下水道、ごみ箱の下などに生息します。それに対してクマネズミは垂直方向の行動を得意とし、天井裏や壁などに生息する特徴があります（表3-14-1）。

●ねずみ類の防除方法

　ねずみが巣をつくる場所には、天井裏や壁の中、厨房機器内や空調機内部などがあり、これらの場所は定期的に点検を行う必要があります。ねずみの移動経路には、ラットサインと呼ばれる黒く脂っぽい汚れがあります。

　防除方法には、建築物をねずみが寄り付きにくい構造にすることや、ねずみの餌となるものをなくす環境的駆除方法、捕殺器や生捕かご（図3-14-1）、粘着紙を仕掛けて捕獲する機械的駆除方法、殺そ剤を用いた化学的駆除方法、天敵であるイタチなどを利用した生物的駆除方法などがあります。

●殺そ剤の種類と特性

　殺そ剤には、摂取してから10時間以内にねずみが死亡する即効性と、10時間以上経過してから死亡する遅効性、数日間連続摂取することで死亡するクマリン系があります。

　このうちクマリン系殺そ剤は、3～5日の連続摂取で体腔内や皮下組織などに浸潤性出血を起こさせて死亡させるもので、自然死に近いため、他のねずみが警戒しない長所を持っています。

表 3-14-1　ねずみの種類

名前	ドブネズミ	クマネズミ	ハツカネズミ
	顔が丸い／耳が小さい／尾は太い（体長より短い）／手足の甲、腹部は色がうすい（白っぽい）	顔がとがっている／耳が大きい／尾は細く長い（体長より長い）	耳が大きい／体が全体に小さい
体長	22〜26cm	15〜23cm	6〜9cm
生息場所	地表や建築物の下層部	屋根裏、梁、壁の隙間などに営巣、生息	家具のすき間などに生息
行動半径	30〜70m	50〜100m	―
食性	雑食性	種実食性	種子食性
行動習性	泳ぎが得意	立体的な動き	気まぐれ
警戒心	凶暴で大胆	非常に警戒心が強い	新しい物への警戒心が殆どない

図 3-14-1　生捕かごの例

（写真提供：有限会社栄工業）

3-15 ゴキブリ、蚊の防除

●ゴキブリの生態

ゴキブリは夜行性で暗いところや狭いところを好んで生息します。トイレ・排水口・下水道・台所などあらゆる場所を歩くことで病原菌などを拡散させるため、衛生管理のためには防除が欠かせません。ビル内でよく見られるのはクロゴキブリとチャバネゴキブリ（図 3-15-1）で、生態や駆除方法もそれぞれ異なります。

●ゴキブリの防除方法

ゴキブリの防除方法には、餌となる食品などを残さないことで繁殖を防ぐ環境的防除と、粘着トラップや誘引剤付きのゴキブリ捕獲器で捕獲する物理的防除、薬剤を使用する化学的防除があります。

化学的防除では、ゴキブリが徘徊する場所に残効性の高い有機リン剤やピレスロイド剤を散布する方法などがあります。効能や使用量、使用方法、注意事項などがそれぞれ異なるため、適切な選択が必要になります。

●蚊の生態

蚊は、吸血によって「腫れ」や「かゆみ」を与える代表的な害虫です。日本には 100 種余り生息していますが、その中でも建築物に生息する代表的な蚊は、チカイエカ、コガタイエカ、アカイエカ、ヒトスジシマカ、シナハマダラカの 5 種類です。

●蚊の防除方法

防除方法は、幼虫対策と成虫対策に分けられます。幼虫対策では、排水槽や浄水槽、湧水槽を一時的に排水することで、水中に生息している幼虫を排出します。

成虫対策には、汚水槽などに設置されている通気孔の点検や防虫網の破損

の確認・補修を行う環境的防除、粘着トラップや電撃殺虫器（図 3-15-2）を使って捕獲する物理的防除、薬剤を使用する化学的防除があります。

化学的防除では、ゴキブリと同じように、有機リン剤やピレスロイド剤、昆虫成長制御剤などを使用します。なお、殺虫剤にクレゾールが含まれていると浄化微生物に影響するので、浄化槽には使用できません。

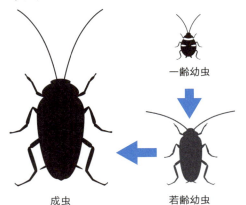

図 3-15-1　クロゴキブリとチャバネゴキブリ

（写真提供：岩崎電気株式会社）

図 3-15-2　電撃殺虫器の例

3-16 ハエ、ダニ類の防除

●ハエ類の生態

　ハエには多くの種類があり、イエバエなどの大型のハエだけでなく、チョウバエのような小型のハエ（コバエ）も存在します。いずれも菌を運ぶ害虫ですが、特にコバエ類は汚水や腐敗物など汚い場所に生息して大量に発生することから不快昆虫とも呼ばれ、微生物の運搬が問題となることもあります。ビル内でよく見かけるハエとしては、チョウバエやイエバエなどが代表的です（表3-16-1）。

●ハエ類の防除

　防除方法は、大型のハエ類とコバエ類で異なります。イエバエ、クロバエ、ニクバエ類などの大型のハエ類は、厨芥などの処理が完全に実施されていれば幼虫は発生しません。コバエ類の場合は、発生防止、侵入防止、殺虫対策に分けて実施します。
　捕獲方法には、粘着リボンを使ったものや、有機リン剤やピレスロイド剤、昆虫成長制御剤などの薬剤を使用した方法があります。また、ノミバエやショウジョウバエ類は走光性を示すので殺虫機で捕獲できます。

●ダニ類の生態

　ダニの発育経過の基本は卵、幼虫、若虫、成虫の4期で、シラミダニのように、直接成虫を産み落とすものもいます。生活圏は地表から水中、動植物の体表、人体など極めて広く、また、人が活動する室内のじんあいにも生息しています。建築物内で見られ、アレルギー性疾患の原因となる代表的なダニ類は、ヒョウダニ、コナダニ、イエダニの3種類に分類できます（表3-16-2）。

●ダニ類の防除

ダニの防除方法には、湿度のコントロールによってダニの繁殖を抑える環境的防除、ダニの餌となるタンパク質の多い箇所で清掃頻度を高くしたり、カーペットなどの交換を定期的に実施したりしてアレルゲン量を減らす物理的防除、有機リン剤やピレスロイド剤などの薬剤を使用する化学的防除などがあります。

表3-16-1　ハエの種類

	形態	生息地	食性	建築物内での繁殖	生活環
チョウバエ	体長2～3mm	台所、風呂場や浄化槽など	腐敗した動植物	トイレ、ごみ置き場	雌は5～6日の生存期間に20～100個の卵を産む
イエバエ	体長6～8mm 前胸背には4本の黒縦線がある	ごみ、堆肥、畜舎など	植物性食物	ごみの集積場所	成虫が産卵するまでは20日ぐらいである

表3-16-2　ダニの種類

種類	ヒョウヒダニ	ケナガコナダニ	イエダニ
発生場所	カーペット・畳など	畳・食品など	ネズミに寄生など
エサ	人やペットなどのフケやアカ、食べ物かすなど	ワラ・貯蔵食品・カビなど	動物や人の血液
被害	気管支ぜんそく、アレルギー性鼻炎、アトピー性皮膚炎など	穀物などを食害する	ネズミなどから人に移って吸血する

3-17 害虫の防除用具と薬剤

●害虫の防除用具

　害虫の防除に使用する機器には、噴霧器やミスト器、煙霧器、粘着トラップなどがあります。噴霧器（図3-17-1）は加圧によって、ミスト器は圧力や風力によって、煙霧器は加熱揮発機によって薬剤を拡散させます。また、粘着トラップ（図3-17-2）は種類が多いので、目的に合ったものを選択します。

●薬剤の種類

　殺そ剤として代表的なものには、少量を4～5日間摂取することでねずみが失血死する抗凝血性殺そ剤や、ドブネズミに高い効果がある急性殺そ剤などがあります。また、殺虫剤には、成分にリンをもつ有機リン系殺虫剤、家庭用殺虫剤として使用されるピレスロイド系殺虫剤、昆虫の羽化やさなぎになることを阻害する昆虫成長制御剤（IGR）があります。殺虫剤は原体をそのまま使うことなく、希釈剤や補助剤を混ぜて使いやすいように製剤化してあります。

●殺虫剤の効力

　殺虫剤の効力は、殺虫力・即効性・残効力の3つで評価されます。殺虫力を示す単位には、中央致死濃度（LC50）または中央致死薬量（LD50）を、即効性を示す単位には中央ノックダウン時間（KT50）を用います。また、殺虫剤を繰り返し使用することで効果がなくなることを抵抗性といい、LD50で表します。LD50が通常値の数倍～10倍になった場合、その薬剤への抵抗性がついたことを意味します。

●安全管理

　殺そ剤や殺虫剤は、薬事法の承認を受けた医薬品または医薬部外品を用い、「用法・用量」および「使用上の注意」を遵守します。また、作業終了後は

必要に応じ強制換気や清掃などを行うことによって、屋内に残留した薬剤を除去し、安全確保の徹底をはかる必要があります（表 3-17-1）。

（写真提供：株式会社工進）

図 3-17-1　噴霧器の例

（写真提供：株式会社 SHIMADA）

図 3-17-2　粘着トラップの例

表 3-17-1　殺虫剤の取り扱い上の注意事項

	注意事項概要
散布前	使用法の十分な理解と準備
散布時	正しい服装で、散布は風上から行い、かかった薬剤は洗い落とす
散布後	器具の手入れ、体を洗う、服を着替える
保管時	幼児の手が届かない場所に保管し、容器の処理は安全に行う

3-18 廃棄物の分類

●廃棄物処理法における廃棄物の分類

廃棄物処理法では、廃棄物を「一般廃棄物」と「産業廃棄物」に分けています（表3-18-1）。このうち、爆発性、毒性、感染症など人の健康または生活環境に関わる被害の発生するおそれがあるものについては「特別管理一般廃棄物」もしくは「特別管理産業廃棄物」と定められています。

●一般廃棄物

一般廃棄物とは、産業廃棄物以外の廃棄物のことを表します。し尿や浄化槽汚泥、レストランの生ごみや事務所の紙ごみなどが該当し、このうち、特別管理一般廃棄物には、家電製品に含まれるポリ塩化ビフェニル（PCB）や感染性一般廃棄物などが指定されています。

●産業廃棄物

産業廃棄物は通称「産廃」と呼ばれ、汚泥や廃油、廃プラスチックや雑排水槽汚泥などが該当します。また、特別管理産業廃棄物には廃油、廃酸、廃アルカリ、感染性産業廃棄物が、特定有害産業廃棄物には廃PCBおよびPCB汚染物などがあります。

●医療廃棄物

医療廃棄物とは、医療行為によって排出された廃棄物であり、排出される内容物により「感染性一般廃棄物」と「感染性産業廃棄物」に分けられています。医療行為から排出されるという性質上、感染症の汚染源となる可能性があるため、適切に処分する必要があります。

●一般廃棄物の排出量

一般廃棄物の排出量は、一般的に1人1日あたり1kgとみなされ、年間

排出量は、近年横ばい傾向にあります。廃棄物の量は地域や季節、天候によっても異なり、事務所ビルでは 12 月にごみの排出量が最も多くなります。

なお、建築物における廃棄物の発生量は廃棄物発生原単位で表し、廃棄物の見かけの比重は、容積質量値で表します。

表 3-18-1　一般廃棄物と産業廃棄物

廃棄物の分類		廃棄物の種類			
一般廃棄物		①ごみ　　　　③し尿およびし尿浄化水槽にかかる汚泥 ②粗大ごみ　　④その他			
	特別管理 一般廃棄物	①ポリ塩化ビフェニル（PCB） ②ばいじん ③感染性一般廃棄物			
産業廃棄物		①燃え殻	⑥廃プラスチック	⑪くず	⑯動物のふん尿
		②汚泥	⑦紙くず	⑫金属くず	⑰動物の死体
		③廃油	⑧木くず	⑬ガラスくずおよび陶器くず	⑱ばいじん
		④廃酸	⑨繊維くず	⑭鉱さい	⑲その他
		⑤廃アルカリ	⑩動植物性残渣	⑮がれき類	⑳輸入された廃棄物
	特別管理 産業廃棄物	①廃油　　　③廃アルカリ ②廃酸　　　④感染性産業廃棄物			
		特定有害 産業廃棄 物	①廃 PCB 等・PCB 汚染物　　④その他の有害産業廃棄物等 ② PCB 処理物　　　　　　　⑤ばいじん ③廃石綿等		

3-19 建築物内の廃棄物処理と処理設備

●建築物内の廃棄物処理

　廃棄物の処理は、貯留、通常収集、運搬、処理という工程で行われ、それぞれの段階で分別、減量化、資源化などの対策がとられます（図 3-19-1）。建築物内における廃棄物処理は、発生場所から廃棄物を運搬し、集積室（貯留室、保管室）に集め、必要に応じて中間処理した後、建築物外へ排出する作業で、ビルメンテナンス業者が実施します（図 3-19-2）。また、建築物外における収集や運搬、集積、保管については、主に免許を持った廃棄物処理専門業者が行います。

●廃棄物の集積室

　収集した廃棄物は、集積室に一時保管されます。集積室は、他の用途とは兼用せず、種類ごとに分別収集保管できる密閉区画構造とします。また、臭気の洩れや粉じんを防止するため、第3種換気設備を設けます。床や壁は、衛生害虫の発生抑制のため清掃しやすい構造とし、定期的に消毒や殺虫剤の散布を行う必要があります。さらに、厨芥が多く出る建築物では、冷房設備または保管用冷蔵庫を設置します。両手がふさがっても出入りできるよう自動ドアが良いでしょう。

●中間処理設備

　排出された廃棄物は、ダストシュート方式やエレベータ方式で建築物内を搬送されます。中間処理方法には、廃棄物の圧縮による減容化、脱水による減量化、混合による均質化などがあり、保管スペースの節約や搬出・運搬の効率化のために実施します。中間処理設備には、圧縮機や破砕機、梱包機、シュレッダ、厨芥などの冷蔵装置、プラスチック類減容化のための溶融固化装置などがあります。

●廃棄物の搬出

廃棄物の搬出方法としては、清掃ダンプ車や機械式収集車、コンテナトラック、資源回収車などがあります。なお、貯留・排出機は、貯留した廃棄物を収集車に自動的に積み替えることができます。

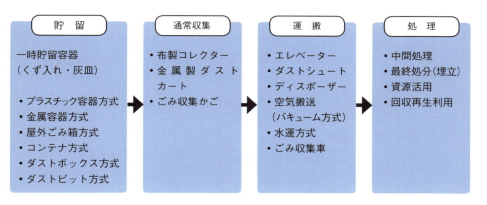

図 3-19-1　廃棄物処理の一般的な流れ

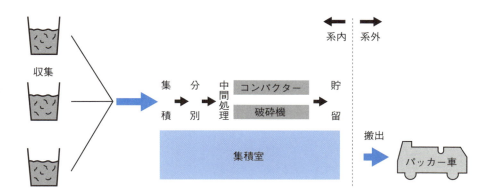

図 3-19-2　建築物内廃棄物処理の流れ

❗ 廃棄物の成分

　廃棄物の成分は「灰分」「可燃分」「水分」に大別され、これを廃棄物の3成分といいます。灰分は無機物質の指標であり、熱灼残留物とも呼ばれます。また、可燃分は有機物の指標となり発熱量に関係します。熱灼減量とも呼ばれ、百分率で表すことができます。紙くずなどは厨芥に比べ可燃分の割合が高い特徴があります。

　生活系のごみの3成分の割合（質量比）は、水分が40～60%、灰分が10～30%、可燃分が30～40%です。水分や可燃分（特に腐敗性物質などが含まれているもの）の多いものは一般に質が悪いごみで、厨芥がその代表でしょう。これらは紙くずなどに比べて単位容積あたりの重さを表す容積質量値が大きい特徴があります。

ごみの種類と容積質量値

ごみの種類	40Lの重さ (kg)	1Lの重さ (kg/L)	容積質量値	
			(t/m³表示)	(kg/m³表示)
厨芥	28～32	0.7～0.8	0.7～0.8	700～800
茶がら	20～24	0.5～0.6	0.5～0.6	500～600
雑芥	8～18	0.2～0.45	0.2～0.45	200～450
紙くず	6～16	0.15～0.4	0.15～0.4	150～400
紙	2～4	0.05～0.1	0.05～0.1	50～100

第4章

設備管理業務

これまでは建築物の環境整備について見てきましたが、
本章では建築物を支える様々な設備について説明します。
受変電設備、空気調和設備、ガス設備などの概要
および保守点検法を身につけることが本章の目的です。

4-1 受変電設備

●受変電設備とは

　電力会社から送られてきた電力は、高圧配電線路から分岐して施設内に引き込まれます（図4-1-1）。電力会社と需要家（電気使用者）の保安上の責任分界点には区分開閉器が設置されますが、これは施設内で事故が起きた場合に電気を遮断して、電力会社の配電網が影響を受けないようにするための設備です。

　受電設備とは電力会社から送られてきた高圧や特別高圧の電力を受けるための設備のことで、変電設備は受電した電力をビル内で使用する低圧の電力に変えるための設備です。

　受変電設備は開放形と閉鎖形に分類されます。開放形は、配電盤、遮断器、変圧器などをフレームに取り付けたもので、周囲を金網で囲って設置されます。閉鎖型はキュービクル式と呼ばれ、近年の受変電設備の主流となっています。

●キュービクル式受変電設備

　キュービクル式受変電設備は受変電に必要な機器を金属箱に収めたもので、電圧計、電流計、配線用遮断器、主遮断装置、変圧器などで構成されています（図4-1-2）。

　キュービクルは主遮断装置の種類によって「CB形」と「PF-S形」に分類されます。受電設備容量4,000kVA以下の場合に用いられるCB形は主遮断装置に遮断器（CB）を使用し、過電流継電器（OCR）、地絡継電器（GR）などの保護継電器と組み合わせて異常電流を遮断するしくみです。地下室や屋上、構内の一部などに簡単に設置でき、接地された外箱に設備を収納しているので安全性が高くなります。

　一般社団法人日本電気協会による認定制度の基準を満たしたキュービクルは「認定キュービクル」と認められ、正面扉に認定証が貼付されます。認定

品は消防法令における技術基準に適合したものとみなされ、設置時の消防検査項目の一部を省略することが可能になります。

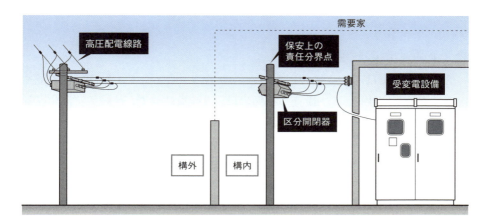

図4-1-1　電力の引き込み

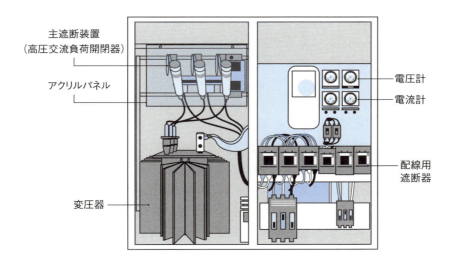

図4-1-2　キュービクル式受変電設備

4-2 受変電設備の試験と検査①

●受変電設備の試験と検査

受変電設備では、安全に使用するための予防保全として、計画的な試験や検査を実施します。試験・検査の種類には、外観構造検査、絶縁抵抗測定試験、接地抵抗測定試験、過電流継電器試験、地絡継電器試験、絶縁油試験、蓄電池試験などがあります。

●外観構造検査

外観構造検査は、キュービクル式受変電設備の受電箱および変電箱に対する外観構造の点検です。検査内容には、扉や側板、天井板の変形や扉の開閉、塗装の傷や剥がれ、汚れの点検などを行う「外装検査」、カタログや承認図に記載された寸法を測定する「寸法検査」、主要構成部品の定格や種別の確認、部品の配置や取り付け状態の点検をする「部品検査」、装置主銘板や主要部品の銘版、構成部品記号や端子記号を点検する「表示検査」などがあります。また、「主回路の検査」では、主回路接続の相順や配線端末色および交流の相の点検を行います。

●絶縁抵抗測定試験

絶縁抵抗測定試験は漏れ電流による火災や感電を防止するために、受変電設備の絶縁の状態を確認する試験のことで、絶縁抵抗計（図4-2-1）のL端子を電路や機器などの被測定物に、E端子を被測定物の接地端子に接続して行います。たとえば高圧電路対地間絶縁抵抗測定なら、L端子を遮断機の端子に、E端子を高圧盤の接地端子に接続します（図4-2-2）。各端子のリード線を被測定物に接続したら絶縁抵抗計のスイッチを入れ、1分経過後の指示値を読み取って結果を記録します。

●絶縁耐力試験

　絶縁耐力試験では、耐電圧試験器の線路側端子を主変圧器の高圧側端子に、接地側端子を高圧盤の接地端子に接続します。耐電圧試験器の電源スイッチを入れて電圧調整ダイヤルを試験電圧まで回し、タイマを10分にセットして試験を行います。試験後は電圧調整ダイヤルを戻してください。

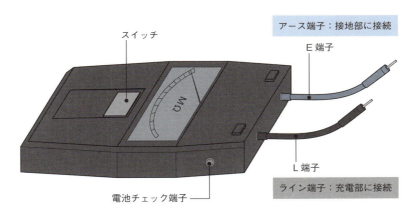

図4-2-1　絶縁抵抗計

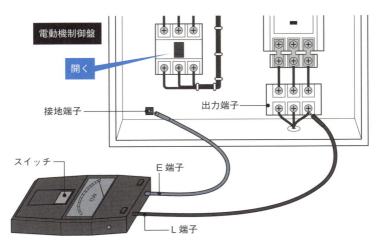

図4-2-2　絶縁抵抗測定試験

受変電設備の試験と検査②

●接地抵抗測定試験とは

　接地とは、人や設備機器を感電や機器の損傷、漏電火災から保護するために欠かせないものです。接地抵抗測定試験は、接地抵抗値が保安上十分であるかを確認するための試験です。接地抵抗値は、接地電極から地中に接地電流が流れ、接地電極の電位が周囲より高くなった時の電位上昇と接地電流の比を表したものです。

●接地抵抗測定試験の手順

　接地抵抗の測定には接地抵抗計を使用し、接地抵抗を測定する接地極から10m間隔で2本の補助接地棒P、Cを地中に打ち込みます。そして、P補助接地棒を接地抵抗計のP端子に、C補助接地棒を接地抵抗計のC端子に接続します。

　続いて、接地抵抗計の切替スイッチを「B」にして測定ボタンを押し、指針が目盛板の枠内にあることを確認します。その後、切替スイッチを「Ω」にして測定ボタンを押しながらダイヤルを回し、検流計の指針が0になった時のダイヤルの指示値を読み取ります（図4-3-1）。この時の指示値が接地抵抗値です。

　なお、補助接地棒を2本打つのが難しい場合には、接地抵抗器が既知の接地極を使用する「二極法」による測定を行います。

●過電流継電器試験

　過電流継電器は、回路に事故や過負荷などが発生した時にそれを検知し、遮断機に遮断指令を与えて故障部分を切り離すための設備です。過電流継電器と遮断機の連動試験には、最小動作電流試験と限時特性試験の2種類があります。

　最小動作電流試験では、過電流継電器に接続した継電器試験器の電圧調整

ダイヤルを徐々に回して、遮断機が動作する最小の電流を測定します（図4-3-2）。

また、限時特性試験では、継電器試験器を使って過電流継電器に電流タップ値の200％や300％、500％といった電流を流し、遮断機が動作するまでの時間を測定します。

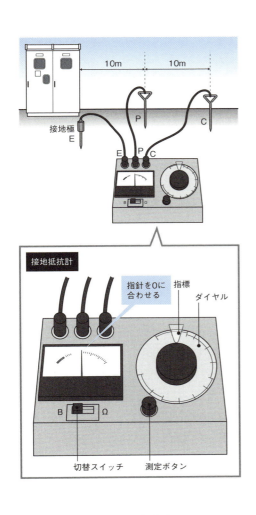

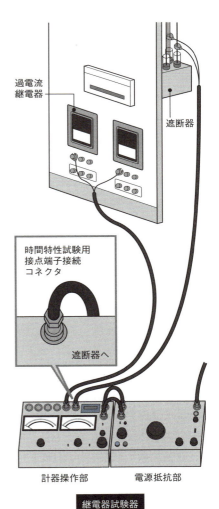

図 4-3-1　接地抵抗測定試験　　　図 4-3-2　過電流継電器試験

受変電設備の試験と検査③

●地絡継電器試験

　地絡継電器とは、零相変流器と組み合わせて使用することで、地絡事故の発生を検出して遮断器を動作させるものです。地絡継電器と遮断機の連動試験には、最小動作電流試験と限時特性試験があります。

　最小動作電流試験では、設定電流値に対して実際に動作する電流の最小値の測定を行います。地絡継電器の端子 S_1、S_2、P_1、P_2 を外して試験器の補助電源コネクタを接続し、零相変流器 ZCT の端子 Kt、It と試験器の電流出力コードも接続します。試験器の電源を入れたら試験用ボタンを押して試験器の電圧調整ダイヤルを回し、地絡継電器が動作して遮断機が開放した時の指示値を読み取ります（図 4-4-1）。

　限時特性試験では、地絡継電器の感度電流整定値の130％および400％の試験を行います。継電器試験器の時間測定用コネクタを遮断機の1相に接続し、スタートボタンを押して電圧調整ダイヤルを回しながら電流計を設定電流値の1.3倍に合わせたらストップボタンを押します。再度スタートボタンを押して表示された継電器動作時間と遮断機引外し時間の和を確認します。

●絶縁油試験

　絶縁油試験は、変圧器の絶縁油の劣化状況を確認する試験です。廃油弁から採取した試料油に電圧を加える絶縁破壊電圧試験や、試料油に含まれる全酸価成分を中和するのに必要な水酸化カリウムの量を測定する全酸価試験などがあります。絶縁破壊電圧試験には絶縁油耐電圧試験器（図 4-4-2）を使い、全酸価試験には簡易油酸価測定器などが使われます。

●蓄電池試験

　蓄電池試験では、非常用電源の蓄電池を点検して浮動充電の時の蓄電池の総電圧や各セルの単電圧の測定、吸込比重計を使った電解液の比重測定など

を実施します。また、電槽の汚れや端子のさびを落とし、ボトルの交換や電解液の補充なども行います。なお、蓄電器の点検で電槽や端子に触れる際には、感電防止に注意する必要があります。

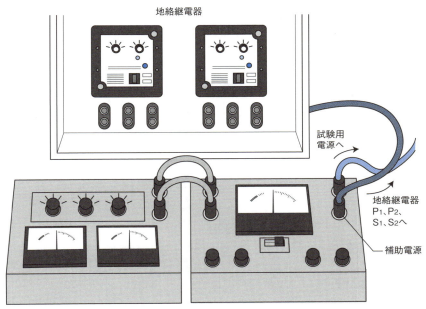

図 4-4-1　地絡継電器試験

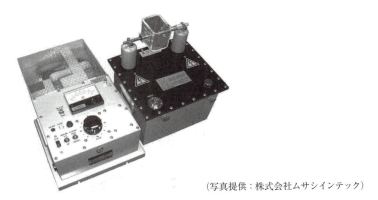

（写真提供：株式会社ムサシインテック）

図 4-4-2　絶縁油耐電圧試験器の例

保守点検

●保守点検とは

　電気設備を安全に使用するためには、保守点検をきちんと実施することが欠かせません。保守点検には日常点検や定期点検、精密点検、臨時点検などの種類があります（図4-5-1）。このうち日常点検は、設備や機器に損傷や変形、異常音、異臭などがないかを目視で確認するものです。設備を運転した状態のまま行い、毎日〜週1回程度実施します。

　定期点検は設備の運転を停止して、受電設備であれば絶縁抵抗や接地抵抗の測定や清掃などを行うもので、1年に1回程度実施します。

　また、精密点検は機器を分解しての内部点検や劣化部品の交換を行うもので、3年〜5年に1回など長期的な周期で実施するものです。なお、絶縁油の耐圧試験や継電器の特性試験もこの精密点検で実施します。

●定期点検の準備

　定期点検を実施するにあたっては、試験用電源の確保や点検に使用する測定機器の準備、点検を行う設備の図面の準備が必要です。また、停電の範囲と時間、受電設備の設置箇所や使用されている機器の種類、作業内容や作業範囲などをあらかじめ確認しておくことも大切になります。

　作業開始前には作業責任者を中心にTBM（ツールボックスミーティング：現場での打ち合わせ）を実施し、設備の現状確認や作業内容と分担、作業時間などの必要事項を作業に携わる全員に周知することも欠かせません（図4-5-2）。

●定期点検の注意点

　点検は点検計画表のスケジュールに沿って実施し、作業責任者の指示に従って進めます。点検実施中は立入禁止などの標識を掲示して、必要に応じて「開放中」「停止中」などの標識も使用します。また、作業内容によって

は感電防止の安全帽やゴム手袋、ゴム長靴などを着用する必要があります。これらの絶縁保護具は着用前に外観の点検を行い、問題なく使用できることを確認します。

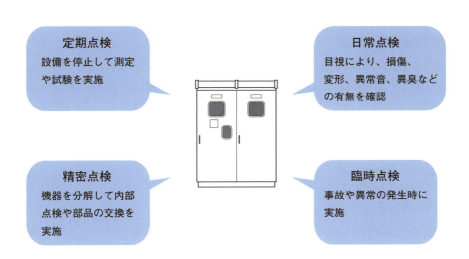

図 4-5-1　保守点検の種類

図 4-5-2　作業前の打ち合わせ内容

定期点検のための停電操作

●停電操作の手順

　定期点検のために停電を実施する時は、負荷側から電源側に向かって開閉器を開放していきます。一例としては、最初に低圧盤の配線用遮断機を開放し、続いて高圧盤の真空遮断機を遮断して高圧主回路を開放、その次に引込口断路器を開放し、最後に区分開閉器を開放するといった手順になります。なお、区分開閉器の開放操作は絶縁用保護具を着用して行い、開閉器の開放中は誤投入防止のため「送電禁止」の標示をします。

●短絡接地器具の取り付け

　停電操作が完了したら高圧用検電器を使って電路が無電圧であることを確認します。この時に使用する検電器は、あらかじめ活線で正常に作動することを確認しておきます。
　高圧進相コンデンサやケーブルの残留電荷を放電したら短絡接地器具の接地側を盤の接地端子に接続し、続いて電路側の金具を電路に取り付けます(図4-6-1)。
　短絡接地器具の取り付けが完了したら、作業区域に関係者以外が立ち入りできないようにロープや掲示棒で区画し、開放中の遮断機には「作業中」や「投入禁止」などの標示札を取り付けます。

●無停電での点検

　停電を実施するのが困難な場合、無停電方式で点検を行うこともあります。この場合、作業者は絶縁用保護具を着用し、さらに活線部にもゴムシートやゴム絶縁管などの絶縁用防具を取り付けて感電事故を防止します。
　無停電での点検では、放射温度計を使って遮断機や開閉器、高圧進相コンデンサなどの接続部や接触部の温度を測定する加熱診断や、超音波式部分放電探知器（図4-6-2）や温湿度機能付きノイズレベル計を使ってノイズを測

定する絶縁診断、保護継電器の単体試験などを実施します。無停電方式の試験で測定結果が基準を超えていた場合、全停電による臨時点検の実施が必要となることもあります。

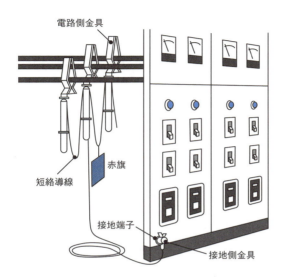

図 4-6-1　短絡接地器具の取り付け

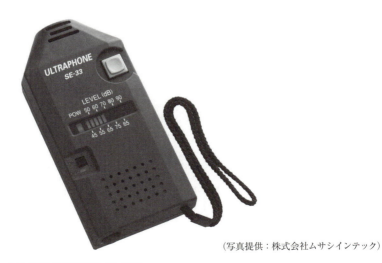

（写真提供：株式会社ムサシインテック）

図 4-6-2　超音波式部分放電探知器の例

4-7 点検作業の実施

●定期点検の内容

定期点検では、外観検査や接地抵抗試験、絶縁抵抗試験、保護継電器の動作特性試験などを実施します。外観検査では電柱の傾斜やひび割れ、架線やケーブル類の損傷、各機器類の外箱や盤面の変形や損傷、亀裂などを点検します。測定や試験は手順書に沿って責任者の指示で実施します。

●点検作業時の注意点

点検作業では、現場の現状をきちんと把握した上で十分な作業時間を確保して、事故を防止するために2人以上で作業を行います。計画外の作業を思いつきで実施することは絶対に避け、安全性に不安のある作業はきちんと安全対策を取った上で実施し、安全が確保できない作業は保留するなどの措置が必要です。

高圧活線の近くで作業を行う時は絶縁用の防護具を着用して、電路に触れる前には必ず検電器で無電圧であることを確認し、作業を中断して再開する際も改めて検電を行います。また、金属箱内を点検する場合も検電器を使って金属箱側面に電位がないことを確認します（図4-7-1）。

●復電時の注意点

定期点検が終了したら、設備を作業前の状態に戻したことを確認した上で復電を行います。短絡接地器具や標示札、保護具などを全て取り外し、測定器や工具などの置き忘れがないか確認します。受電操作は停電操作とは逆に、電源側から負荷側に向かって順に開閉器を投入して行きます。

受電を開始する前に作業者全員が感電の恐れがない安全な場所にいることを確認することも大切です。復電したらそのことを作業者や関係者に周知徹底し、点検結果の報告・説明を行います。

●点検結果の記録

定期点検終了後は絶縁抵抗試験や接地抵抗試験の結果を記録します。過去の記録と比較することで、機器の劣化状態を把握することにも役立ちます。

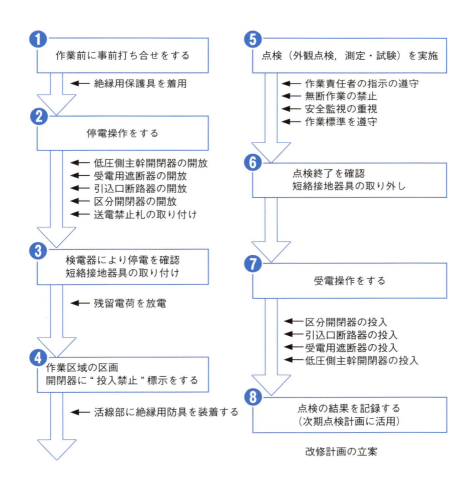

図 4-7-1　点検の実施手順

臨時点検と事故時の対応

●臨時点検の実施

　電気設備の臨時点検は、日常点検や定期点検で異常があった場合や電気事故の発生時、台風や地震などの自然災害の後に実施します。

　たとえば台風の後の点検であれば、受電室内の受電盤前面に水たまりが無いか、天井からの雨漏りや窓ガラスの破損が発生していないかを確認します。また、周囲の木の枝が屋外キュービクルの屋根にのしかかっているような場合には枝払いを行います。キュービクル内部に結露が発生していれば、換気扇を動作させ、交換が必要なら早急に交換する必要があります。架空引込線や高圧引込口付近は双眼鏡を使って点検します。高圧ピン碍子のひび割れやケーブル末端の剥離などがあれば交換を行います（図4-8-1）。

●事故発生時の対応

　停電が発生した時には、高圧受電盤の電圧計表示や遮断機および地絡継電器の状態を確認し、事故の種類を特定した上で原因の調査や必要な対応をとります。事故対応後には電気事故報告書を作成し、今後の事故発生防止に役立てます。

●避雷設備

　建築物には、落雷時の災害を防ぐ目的で避雷設備の設置基準が定められています。避雷器を設置することで、雷によって発生する誘導雷サージの電圧を低減させて大地に放電させることができます（図4-8-2）。ただし、避雷器を設置しても雷が直撃した場合のフラッシュオーバーを防止することは困難です。

　また、架空地線も雷対策として使用されており、誘導雷サージや付近への落雷、線路導体や支持物から発生するコロナストリーマの抑制などに効果があります。

避雷設備にはこの他に避雷針があります。避雷針は受雷部、避雷導線、接地極などからなり、建築物の先端部分に接地することで稲妻を接地に導き、対象物を落雷から守ります。

受電盤前面に水たまり

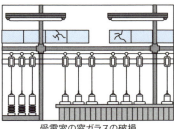
受電室の窓ガラスの破損

木の枝がキュービクルの屋根にのしかかっている

高圧ピン碍子のひび割れ

図 4-8-1　台風発生後の臨時点検

(写真提供：音羽電機工業株式会社)

図 4-8-2　避雷器の例

空気調和方式の種類①

●空気調和設備とは

　空気調和設備は室内の人あるいは物品に対して、温度や湿度、気流、清浄度を良好な状態に処理・制御するための設備で、人に対する空気調和を保健空調、物品に対するものを産業空調といいます。

　空気調和設備は、加熱や冷却するための熱源設備、その熱を運ぶための熱搬送設備、室内の空気を調和するための空気調和機設備およびこれら機器を制御監視する自動制御設備から構成されています。これら機器は鎖のようにつながっており、もし1つの機器が故障すると、空気調和設備としての機能がなくなるため、きちんと保全を行うことが欠かせません。

●空気調和設備の制御方式

　空気調和設備の方式は、設置方法、熱の運搬方法などによって分類されます。設置方法を大別すると全体制御方式、個別方式、ゾーン制御方式に、運搬方式を大別すると全空気方式、空気・水方式、冷媒方式などに分類できます。どの方式を採用するのかは建築物の規模や構造、用途、経済性など多くの条件によって決まります。

(1) **全体制御方式**

　1つの空調機と1つのダクト系で建築物全体の冷暖房を行う方法です。部屋ごとの温度調整ができないため、現在はあまり使われていません。

(2) **個別制御方式**

　建築物の各部屋に空調機を設置して冷暖房を行う方法です。各部屋で自由に温度調整できるので、病院やホテルなどで採用されています（図4-9-1）。

(3) **ゾーン制御方式**

　空調系統を「ゾーン」と呼ばれる区域に分け、それぞれに異なる空調系統を使用する方式です。ゾーンの分け方（ゾーニング）には、建物の方位による日射量の違いを使う方位別ゾーニングと、部屋の使用目的によって分ける

使用別ゾーニングの2種類に分類でき、両方のゾーニングを併用するケースもあります（図4-9-2）。

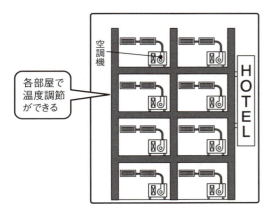

図 4-9-1　個別制御方式

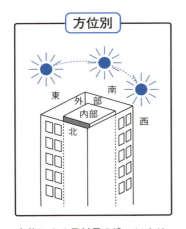

方位による日射量の違いにより、分ける

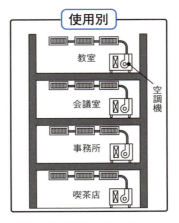

部屋の使用目的により、分ける

図 4-9-2　ゾーン制御方式

4-10 空気調和方式の種類②

●全空気方式

　全空気方式は、中央の熱源機械室からダクトを通して温冷風を供給する方式で、単一ダクト方式や各階ユニット方式、二重ダクト方式、マルチゾーンダクト方式などがあります。

　単一ダクト方式は、中央の空気調和設備から単一のダクトで温風や冷風を送り、ダクトが各階で分岐してそれぞれの部屋に届けられる方式です（図4-10-1）。

　各階ユニット方式は、建築物の各階ごとおよび方位別、使用別に空気調和設備を設置して、それぞれに単一のダクトで送風します（図4-10-2）。

　二重ダクト方式は、温風と冷風を別々のダクトで供給する方法です。中央の空調機でつくった温風と冷風をそれぞれのダクトで各部屋まで送風し、吹出口の混合箱で適温にしてから供給します。

　マルチゾーンユニット方式は、中央の空気調和設備の吹出側に加熱コイルと冷却コイルを設置して温風と冷風をつくり、混合ユニットで混合してから送風する方式です。温冷風はダクトを通して各ゾーンに供給されます。

●全水方式

　全水方式であるファンコイルユニット方式は、中央の熱源機械室から冷水もしくは温水を供給し、各部屋に設置したファンコイルユニット内のファンで室内の空気と熱交換させる方法です（図4-10-3）。個別制御方式に用いられます。

●空気・水方式

　空気・水方式は、全空気方式と全水方式を組み合わせた方法で、中央の熱源機械室から各部屋の空気調和設備に空気と水を送って冷暖房を行う方法です。個別制御方式で用いられ、各階ユニット方式や誘引ユニット方式、ダク

ト併用ファンコイルユニット方式などがあります。

　ダクト併用ファンコイルユニット方式は、全水方式のファンコイルユニット方式と、全空気方式の単一ダクト方式を併用したものです。

　また、誘引ユニット方式は、外気を高速で誘引ユニットに送風する時の誘引作用を利用した方式です。

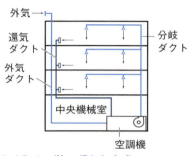

図 4-10-1　単一ダクト方式

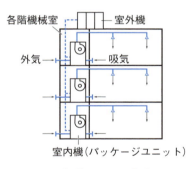

図 4-10-2　各階ユニット方式

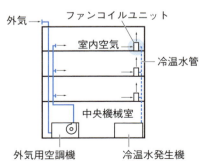

図 4-10-3　ファンコイルユニット方式

4-11 空気調和方式の種類③

●冷媒方式

　冷媒方式は、冷凍機の冷却コイルを使って冷媒を気化させて冷房する方式です。パッケージユニット方式とヒートポンプユニット方式があり、個別制御方式に用いられます。

　パッケージユニット方式は、送風機、冷却コイル、エアフィルタなどを1つのパッケージに組み込んだもの（図4-11-1）を、各部屋やゾーンごとに設置する方式です。冷房の場合は、冷凍機の冷媒を冷却コイルで気化させることで室内の空気を冷却し、暖房の場合には、中央の熱源機械室のボイラーから供給された温水や蒸気を、ユニット内に組み込んだ加熱コイルで加熱します。

　ヒートポンプユニット方式は、冷凍機で冷媒を気化させることで冷房し、冷凍機の凝縮器からの放熱を利用して暖房する方式です。冷房の場合、冷媒を気化させることで室内の熱を奪い、その熱を室外に放熱しますが、この流れを逆にして室内に熱を供給すると、暖房として利用できるのです（図4-11-2）。

●省エネルギーを重視した方式

　空気調和方式にはこの他に、省エネルギーに配慮した方法も多くあります。

　外気冷房は、冬期から中間期で外気温が室温よりも低い場合に、外気を室内に導入して冷房を行う方法です。夏期には、夜間外気温が室温よりも低い時に外気導入による換気を行うことで蓄熱負荷を除去することも可能です。

　エアフローウィンドウ方式は、二重に設けられた窓の間に室内の空気を取り入れ、夏期はその空気を室外に除去することで冷房負荷を低減し、冬期は空調機に戻すことで窓面の冷えを防ぎます。窓内には電動ブラインドが組み込まれているので、日射の調整も可能です。

　デシカント空調方式は、シリカゲルなどの化学的吸湿材を用いて除湿を行

う方式です。過冷却による除湿に比べて冷却コイル負荷を軽減できるので、環境と人間にやさしい空気調和として期待されています。

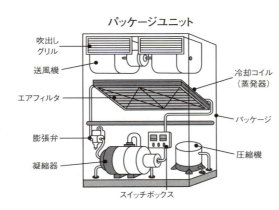

図4-11-1　パッケージユニット方式の構造

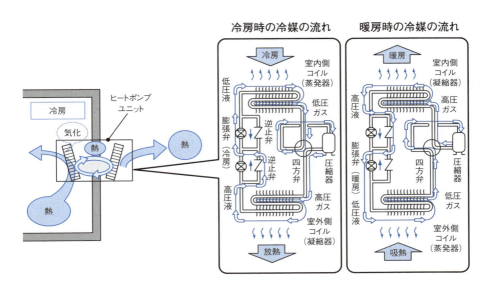

図4-11-2　ヒートポンプユニット方式のしくみ

4-12 冷凍サイクルのしくみ

●空調機のしくみと冷凍機

空調設備は、冷熱源をつくるための冷凍機、温熱源をつくるためのボイラー、熱源運搬装置のダクト、自動制御装置、外気を取り入れてダクトに給気する空調機などで構成されています。このうち冷凍機では、冷媒の気化熱を利用して冷房を行っています。

●冷凍サイクルとは

消毒用アルコールで腕を拭くと冷たく感じますが、これはアルコールが気化するときに体の潜熱を奪うためです。空調機では、冷媒を気化させて周囲の潜熱を奪うことで冷房を行っており、この一連の流れを冷凍サイクルと呼びます(図4-12-1)。

(1) 冷媒

冷媒は常温ではガス状の物質で、ガスから液体へ、そして再びガスへと変化しながら圧縮機、凝縮器、膨張弁、蒸発器の間を循環します。冷媒にはかつてはフロンが用いられていましたが、環境への配慮のため現在は影響の少ない物質への置き換えが進み、自然界に存在するアンモニアやプロパン、CO_2 などを利用した「自然冷媒」も注目されています。

(2) 圧縮機・凝縮器

低温・低圧の冷媒ガスは、圧縮機で加圧されて高温・高圧のガスになります。そして、そのガスが凝縮器に送られて冷却水によって冷却されると液化します。これが冷媒液です。

(3) 膨張弁・蒸発器

膨張弁では、冷媒液を減圧・膨張して温度を下げます。冷媒液は蒸発器の広い空間に放出されて気化し、その気化熱を利用して冷水をつくります。冷水によって冷却された空気が送風機で室内に送られて冷房となるのです。

(4) 冷却塔

冷却塔は、凝縮器の中を通して上昇した冷却水の温度を下げるための装置です。冷却水を外気と接触させて放熱し、同時に蒸発潜熱によって冷却します。

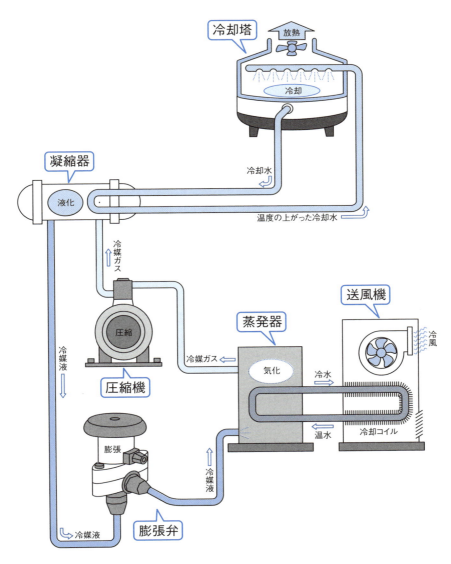

図 4-12-1　冷凍サイクルのしくみ

冷凍機

●圧縮式冷凍機

　圧縮式冷凍機は、冷媒ガスを圧縮する時に圧縮機を利用する冷凍機のことです。圧縮式冷凍機にはロータリー圧縮機、スクリュー圧縮機、ターボ圧縮機、往復動圧縮機などの種類があります。

　冷凍機の能力は、冷凍トンという単位で表します。1冷凍トンは、0℃の水1トンを24時間で氷にするために除去すべき熱量のことです。つまり、その冷凍機が24時間で何トンの氷をつくることができるかを表しています。

(1) ロータリー圧縮機

　回転圧縮機とも呼ばれ、シリンダーの中心と偏心して設置されたローターと、シリンダーとの壁の間に吸い込まれた冷媒ガスを、ローリングベーンで圧縮するしくみです（図4-13-1）。家庭用の冷蔵庫などにもこの圧縮機が用いられています。

(2) スクリュー圧縮機

　船のスクリューのような形状の2つのねじを、シリンダーの中で互いに反対方向に回転させることで、ねじローターとシリンダー壁の間に冷媒ガスを吸い込み、圧縮する方法です。

(3) ターボ圧縮機

　遠心圧縮機とも呼ばれ、ターボ送風機を増速機として使い、後曲がりの羽根車を高速で回転させて冷媒ガスを圧縮する圧縮機のことです。歯車を使って電動機の回転数を増速するものの他、蒸気タービンで高速回転させるものもあります。

(4) 往復動圧縮機

　レシプロ圧縮機とも呼ばれ、シリンダーの内部に冷媒ガスを吸引してピストンで圧縮する圧縮機のことです（図4-13-2）。シリンダーの内容積によって冷凍機の容量が決まり、多数のシリンダーを持つ圧縮機を多気筒圧縮機と呼びます。

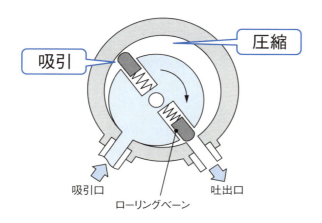

図 4-13-1　ロータリー圧縮機の構造

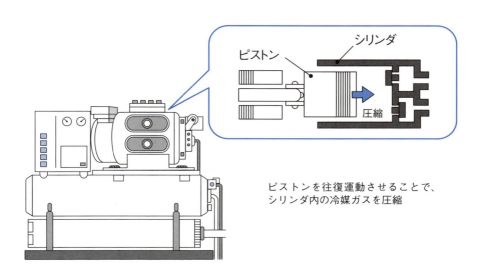

図 4-13-2　往復動圧縮機の構造

4-14 冷却塔

●冷却塔の役割

　冷却塔はクーリングタワーとも呼ばれ、冷媒ガスの冷却で温度が上昇した水を冷却するための設備です（図 4-14-1）。冷媒ガスの冷却の際に吸収した熱を大気中に放出することで水の温度が下がり、再び冷却水として使用できるようになります。

●冷却塔の構造

　冷却塔には、開放型冷却塔と密閉型冷却塔があります。開放型冷却塔は、冷凍機の凝縮器の冷却水を直接大気と接触させ、その蒸発潜熱で水温を下げる方法で、向流型や直交流吸込型などがあります（図 4-14-2）。

　一方の密閉型冷却塔は、冷却塔に取り付けた熱交換器によって冷却水を冷却する方法で、冷却水を汚さずに冷却できるのが特徴です。

●冷却塔の管理

　日常作業における管理では、運転状況の確認や、運転中の異音、振動発生の有無、軸受け温度の上昇の有無、軸シール部からの漏れの変化、電流の変化の有無などがポイントとなります。

　また、水質の管理では、特にレジオネラ属菌の増殖防止対策のために、以下の建築物衛生法による管理基準に従わなくてはなりません。

①冷却塔および加湿装置に供給する水は、水道法の水質基準に適合すること。
②冷却塔および冷却水の使用開始時および使用開始後 1 か月以内ごとに 1 回、定期的に汚れの状況を点検し、必要に応じて清掃、換水を行うこと。
③冷却塔、冷却水の水質および加湿装置の清掃を、それぞれ 1 年以内ごとに 1 回、定期的に行うこと。

●従事者の安全管理

　冷却塔の点検・清掃では、レジオネラ属菌などの細菌類および原生動物類を含むエアロゾルの吸入や、目や皮膚への接触のおそれがあります。そのため、保護マスク、保護めがね、ゴム（ビニル）手袋などの保護具を着用して作業を行い、作業後は手洗い・洗面などを実施しましょう。

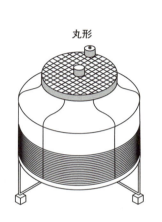

図4-14-1　冷却塔の外観

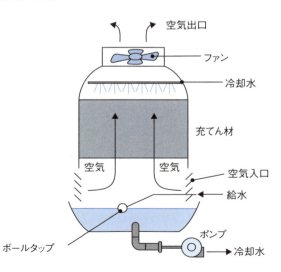

図4-14-2　開放型冷却塔（向流型）

4-15 ボイラー①

●ボイラーとは

ボイラーとは、燃料を燃焼させて水を加熱して蒸気または温水を発生させる装置のことで、蒸気ボイラーと温水ボイラーに分けられます。燃料には燃料油（重油・灯油・軽油）または燃料ガス（都市ガス・液化石油ガス）が用いられます。

●ボイラーのしくみ

蒸気ボイラーでは、液体燃料または気体燃料を使って水を加熱して、大気圧を超える圧力の蒸気を発生させます。そして、その蒸気を空調機の空気加熱器に供給することで温風をつくるのです（図4-15-1）。その後、蒸気は凝縮してドレンとなり、蒸気トラップを経由して給水タンクに戻ります。この一連の流れを蒸気サイクルと呼びます。

一方の温水ボイラーは、液体燃料や気体燃料によって加熱した温水を空気加熱器に供給するしくみです（図4-15-2）。

●ボイラー負荷

ボイラー負荷には、各室の伝熱、すき間風および換気による熱損失を合計した「室内負荷」、暖房以外の給湯その他の負荷を合計した「給湯負荷」、配管やポンプなどの表面からの熱損失による「配管負荷」、たき始めから機器配管および内部の水の加温のための「予熱負荷」などがあります。

●ボイラーの能力

ボイラーの能力は、蒸気ボイラーの場合は圧力［kPa］と熱出力［W］または蒸発量［t/h］で、温水ボイラーの場合は温水温度［℃］で表します。ボイラーの能力表示には、室内負荷、給湯負荷、配管負荷による常用出力と、常用出力に予熱負荷を加えた定格出力があります。

●ボイラーの熱効率

　ボイラーの熱効率とは、燃料の発熱量がどの程度有効に蒸気発生に使用されたのかを表すもので、「発生した蒸気の全熱量－給水の保有熱量／使用した燃料の全発熱量」で求めます。

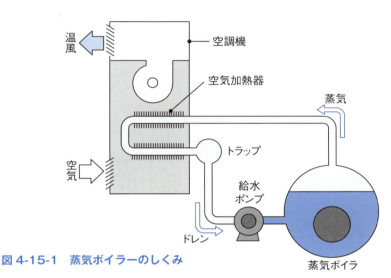

図 4-15-1　蒸気ボイラーのしくみ

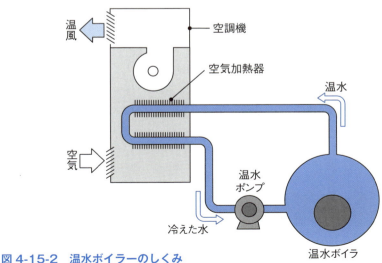

図 4-15-2　温水ボイラーのしくみ

4-16 ボイラー②

●鋳鉄製ボイラー

セクショナルボイラーとも呼ばれ、多数の鋳鉄製のセクションを前後に組み合わせた構造です（図 4-16-1）。小容量ボイラーとして使われます。

●炉筒煙管ボイラー

円筒形の缶胴の中に、炉筒と多数の煙管が配置されています。燃焼ガスは炉筒から煙管へと流れ、ボイラー水を加熱することで蒸気をつくります（図 4-16-2）。保有水質量が多く、負荷変動時でも安定した圧力・水位で運転できるメリットがあります。

●水管式ボイラー

上部と下部にドラムを設け、その間を多数の客観式水管で結んだ構造で、水管の周囲を燃焼ガスで加熱することで蒸気を発生させます（図 4-16-3）。高圧・大容量のボイラーに適しています。

●貫流ボイラー

水管式ボイラーの一種で、長い水管の一端から給水し、水管を加熱することで他端から蒸気を発生させる方式です（図 4-16-4）。小型・簡易ボイラーに該当し、起動時間が速くてボイラー効率が良く、省スペースである点がメリットです。

●温水ヒーター

真空温水式ヒーターや無圧開放式温水ヒーターなどがあり、「ボイラー及び圧力容器安全規則」による届出や検査、ボイラー技士資格が不要です。

●ボイラーの取り扱い

　ボイラー室は専用室または専用建築物に設け、出入口は2箇所以上設置します。据付け位置は、ボイラーの最上端から天井まで1.2m、周壁などから45cm以上離す必要があります。

　なお、ボイラーは容量と圧力によって取扱資格や圧力容器の規制を受けます。また、油を燃料とする場合は油の種類と貯蔵量によって危険物の規制を受けます。

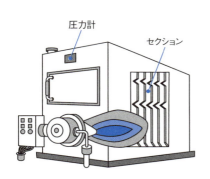

図4-16-1　鋳鉄製ボイラー

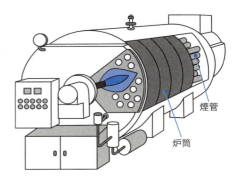

図4-16-2　炉筒煙管ボイラー

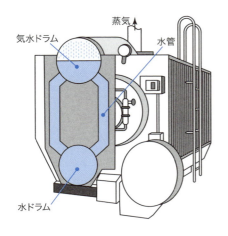

図4-16-3　水管式ボイラー

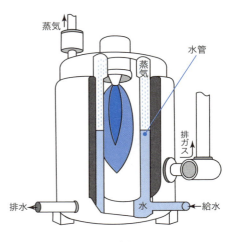

図4-16-4　貫流ボイラー

4-17 ダクト

●ダクトとは

　空気を運ぶための管をダクトといい、空調機では外気の取り入れ口から空調機へ、そして室内へと空気を運搬するために使用されます（図4-17-1）。

　ダクトの設置法には、主管、枝管と分岐していく中央方式と、必要な場所まで1本ごとダクトを設置する個別方式があります。

●ダクトの材料

　ダクトの材料には、一般に亜鉛めっき鋼板が用いられます。その他にコンクリート、塩化ビニル、ステンレス、グラスウールなどが使われることもあります。

●ダクトの形状

　ダクトの形状には、角形ダクトと円形ダクトがあります。角型ダクトは長方形ダクトとも呼ばれ、ダクト内部の風速が7～15m/sの低速ダクトで用いられます（図4-17-2）。

　一方の円形ダクトは、風速15～30m/sの高速ダクトで使われます（図4-17-3）。高速ダクトはダクト内の圧力が高くなるため、ダクトの強度を大きくし、空気もれを防ぐ構造とする必要があります。

●防火、保温、消音

　ダクトには不燃材料を使用し、防火区画貫通部には防火ダンパー（FD）、必要に応じて防煙防火ダンパー（SFD）を設けることが建築基準法施行令で定められています。

　また、熱の損失と冷房時の結露防止のためにグラスウールやロックウールなどで被覆して保温を行います。

　消音には、屈曲部の吸音材内張りが有効です。特に高速ダクトでは、吹出

し口の直前に消音ボックスを設けます。また、角型ダクトの表面積が大きいと、送風の始動時や停止時に鉄板が波打って騒音が発生する場合があります。それを防止するには、鉄板表面の対角線上にダイヤモンドブレーキと呼ばれる突起を設けて補強することが有効です。

図4-17-1　空調用ダクトの例

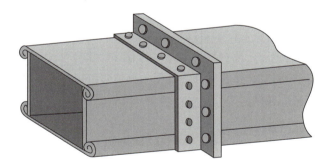

図4-17-2　角形ダクト

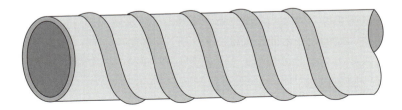

図4-17-3　円形ダクト

4-18 空気調和設備の管理

●空調システムの衛生管理

　空調機内部の温湿度条件は微生物が増殖しやすい環境であり、空調機内には多くの細菌や真菌が生息しています。微生物の増殖で室内居住者の健康に影響をおよぼさないためには、空調機の適切な維持管理が必要です。

　建築物衛生法では、「冷却塔や加湿装置に供給する水を、水道法で規定された水質基準に適合させること」や「冷却塔や冷却水、加湿装置の汚れの点検を定期的に行うこと」、「空気調和設備内の排水受けの汚れや閉塞の点検を定期的に行うこと」などが定められています。また、冷却塔や冷却水の水管および加湿装置は、1年以内ごとに1回、清掃を実施する必要があります。

●ダクト内の汚染

　空調用ダクト内に付着する粒子量は年数を重ねるほど増え、付着・堆積粉じん量も、年数の経過とともに増加することが多いようです（図4-18-1）。なお、換気ダクト内の粉じんに含まれる細菌・真菌の量は、給気ダクト内と比較して5～10倍高い傾向にあることがわかっています。

●冷却水の汚染

　冷却水は空調用冷凍機などの冷却に用いられ、その水温は一般的に10～40℃程度の範囲にあります。補給水には水道水が使用されることになっていますが、節水のために濃縮倍率を上げて運転すると有機物質などが濃縮され、レジオネラ属菌をはじめとした微生物が増殖しやすくなります。

　冷却水汚染の原因となる問題には、「スケール、腐食の発生」「スライム（バイオフィルム）の発生」、「レジオネラ属菌のアメーバ類への寄生」などが挙げられます（図4-18-2）。

●個別空調方式の維持管理

　個別空調方式の場合も、中央管理方式の空気調和設備と同様に維持管理が必要です。しかし、個別空調方式は設備が分散設置されており、天井裏に設置されるケースも多いため、設備構造上維持管理が難しいのが現実です。

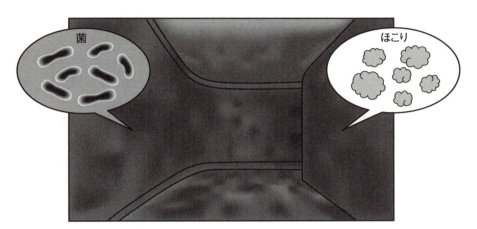

図4-18-1　ダクト内には細菌や粉じんが蓄積する

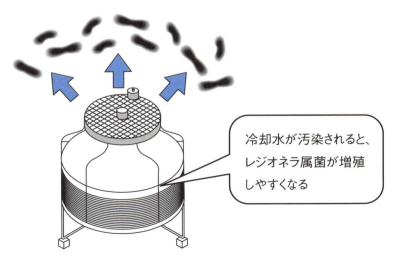

図4-18-2　冷却水の汚染

4-19 ガス設備

●供給ガスの種類

　給湯設備などの熱源として利用されるガスには、都市ガスとLPガスがあります。

　都市ガスは、天然ガスやナフサ、石炭などを原料として製造されています。空気よりも軽い性質があり、比重は空気を1とすると都市ガスが0.5～0.7です（図4-19-1）。

　LPガス（LPG）は、液化石油ガスとも呼ばれ、プロパンガスを主成分としています。常温・常圧では気体ですが、圧力を加えたり冷却したりすれば、容易に液化させることができるため、タンクや容器に充てんしての貯蔵や輸送が可能です。比重は1.5～2.0と空気よりも重く、凹部に溜まりやすい性質があります。そのため、風呂釜の着火時に火傷や爆発のおそれがあり、換気口は最下部に設ける必要があります。

●配管と設置の留意点

　ガス配管には隠ぺい配管と露出配管がありますが、隠ぺい配管はガス漏れの発見や修理が困難であるため、できるだけ露出配管とする必要があります。また、ガス配管と電気のコンセント・スイッチなどは近接させてはいけません。

　都市ガスの場合、ガスメーターは高温や低温、腐食などに留意し、検針が容易な場所に設置します。

　LPガスの場合は、ボンベ置き場は原則として屋外または別棟とします。火熱からは2m以上離すか遮へいして設置し、低温や腐食、転倒に留意する必要があります。

●ガス機器の給・排気方式

　ガス機器の給・排気設備には、屋内に機器を設置する場合に使用する密閉式や半密閉式、開放式、屋外に設置するための屋外式などがあります（図

4-19-2）。設置の際には、ガス機器の設置場所や設置方法などを考慮して、もっとも適した給・排気設備を選択することが必要です。

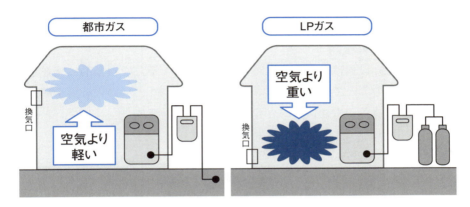

図 4-19-1　都市ガスと LP ガスの性質

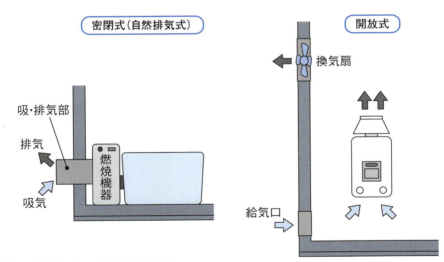

図 4-19-2　給・排気方式の種類

4-20 警報設備①

●自動火災報知設備

　自動火災報知設備は、火災発生時に初期の段階でそれを自動的に感知して報知する設備のことです。スプリンクラーやポンプなどの防火設備を順次有効に作動させることで、初期消火の役割を担っています。

●感知器

　感知器は、火災で発生する熱または煙を感知して受信機に伝達する機能を持っています。感知器の種類には、熱感知器や煙感知器、炎感知器などがあります（図4-20-1）。

　熱感知器は、熱による上昇温度を捉えるもので、周囲の温度が一定以上になると作動する定温式スポット型、温度が急上昇すると作動する差動式分布型など多くの種類が存在します。

　煙感知器は、イオン化式スポット型や光電式スポット型、光電式分離型などの種類があり、それぞれに非蓄積型と蓄積型とに分類できます。

●受信機

　受信機は、防災センターに設置され、感知器や発信機からの火災信号を受信して音響装置や火災灯、火災発生地区表示灯などを自動的に表示し、火災の発生を報知するものです。P型、R型およびガス漏れ火災の受信機能を併せもったGP型、GR型に分類されます（図4-20-2）。

●地区音響装置

　地区音響装置は、感知器や発信機の作動と連動して音響や音声で火災を知らせるための装置です。ただし、高層建築物などの場合は全館一斉に鳴動すると混乱のおそれがあります。そのため、危険性のある区域のみ音響装置を鳴動させる区分鳴動という方法が取られます。

●発信機

　発信機は、火災発生時に人が操作することで火災の発生を受信機に発信する装置です。各階の各部分から歩行距離が 50 m 以下になるように設置し、直近は赤色の表示灯を設けます。

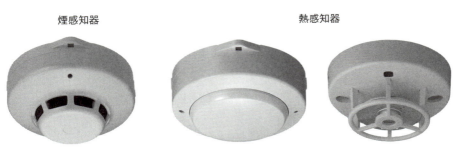

(写真提供：ホーチキ株式会社)

図 4-20-1　熱感知器と煙感知器

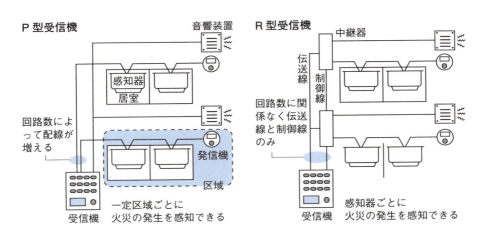

図 4-20-2　P 型受信機と R 型受信機

4-21 警報設備②

●ガス漏れ火災警報設備

　ガス漏れなどでガスが充満し、爆発が起きると大きな被害につながるおそれがあります。そのため、延べ面積1000㎡以上の地下街などにはガス漏れ火災警報設備が必要です。

　ガス漏れ検知機器は、ガス燃焼器およびガス配管の外壁貫通部付近に設けます。空気よりも軽い都市ガスは天井に、重いLPガスでは床面から30cm以内で給気口を避けて設置します。

　また、受信機は、ガス漏れ信号を受信した時に黄色のガス漏れ灯を点灯させ、音響装置を鳴らすもので防災センターに設置されます。

●漏電火災警報設備

　建築物の600V以下の低圧電路の漏れ電流を自動的に検出し、表示および警報によって、建築物の管理者や居住者に知らせることで、漏電火災を防止するための設備です（図4-21-1）。この漏電火災警報設備は、「建築法規に定める建築物のうち、一定の面積を有するもの」、または「契約電流が50Aを超えるもの」が設置の対象となります。

●消防機関へ通報する火災報知設備

　福祉施設や病院、旅館、ホテルといった就寝施設では、火災発生を素早く消防機関に通報することがより重要となります。そのため、施設の防災センターから消防機関に通報できる装置の設置が必要です。ただし、消防機関から著しく離れた施設や、ごく近い距離にある施設では設置が免除されます。

●警報設備の点検

　警報設備をはじめとした消防設備の点検は、消防設備士や消防設備点検資格者などが行います。消防設備士は甲種の特類〜5類と乙種の1類〜7類が

あり、試験に合格して免状の交付を受けることで点検や整備が可能になります（表4-21-1）。

また、消防設備点検資格者は第1種と第2種があり、登録機関が実施する講習を受けることで取得できます。

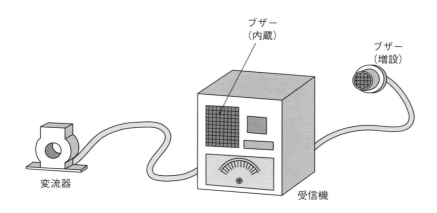

図4-21-1　漏電火災警報設備の構成

表4-21-1　消防設備士免状の種類

免状の種類		工事整備対象設備等
甲種	特類	特殊消防用設備等
甲種又は乙種	第1類	屋内消火栓設備、スプリンクラー設備、水噴霧消火設備、屋外消火栓設備
	第2類	泡消火設備
	第3類	自動火災報知設備、ガス漏れ火災警報設備、消防機関へ通報する火災報知設備
	第4類	自動火災報知設備、ガス漏れ火災警報設備、消防機関へ通報する火災報知設備
	第5類	金属製避難はしご、救助袋、緩降機
乙種	第6類	消火器
	第7類	漏電火災警報器

4-22 消火設備

●火災の種類

　消火設備は、建築物内や危険物などから出火した場合、初期の消火または類焼を防ぐために設置するもので、建築基準法や消防法で設置基準が定められています。

　火災は可燃物の種類によって、木材や紙などの可燃物による「普通火災（A火災）」、石油や食用油といった可燃性液体からの「油火災（B火災）」、感電の危険をともなう「電気火災（C火災）」などに分類され、消火器には適用する火災の種類が絵文字で表示されます（図4-22-1）。

●消火設備の種類

　消火設備には、手動で操作する消火器や屋内消火栓設備、天井に設置するスプリンクラー設備、屋外に設置する屋外消火栓設備、そして特殊消火設備などがあります。

●消火器の種類と消火作用

　消火作用には「冷却」「窒息」「抑制」の3つの作用があり、消火設備はこのいずれかの効果を持っています。

　粉末消火器は普通火災、油火災、電気火災のいずれにも使用でき、窒息効果と抑制効果で消火を行います（図4-22-2）。

　泡系消火設備は、普通火災および油火災に使用され、二液の混合反応でCO_2を含む泡を発生させ、冷却効果および窒息効果で消火します。

　強化液消火器は、普通火災、油火災、電気火災のいずれにも使用可能で、強アルカリ性の液を放射することで冷却作用、窒息作用および抑制作用によって消火を行うものです。

●火災の性状

　火災が発生すると、出火後に急激に温度が上昇して燃焼が室内全体に拡大します。このような温度上昇現象を「フラッシュオーバー」と呼び、それ以前を「初期火災」、それ以後を「火盛り期」と呼びます。防火計画では、これらの時系列に応じた対策が必要となります。

図 4-22-1　消火器の絵表示

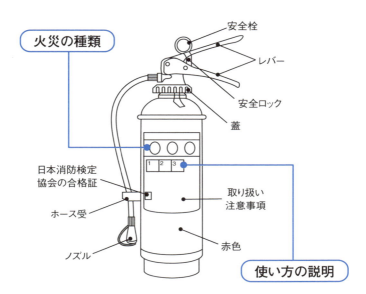

図 4-22-2　粉末消火器の外観

4-23 スプリンクラー設備

●スプリンクラー設備とは

スプリンクラー設備は、自動散水式の消火装置です。スプリンクラーヘッドが火災の熱を受けると自動的にヘッドが開いて、散水、消火を行うしくみで、11階以上の階や不特定多数の人が出入りする建築物などに必要です。

●スプリンクラー設備の種類

スプリンクラー設備は、開放型ヘッドと閉鎖型ヘッドの2種類があり、閉鎖型はさらに湿式と乾式、予作動式に分類されます（図4-23-1、4-23-2）。

開放形ヘッドは、放水口が開放した構造で感熱機構はありません。火災報知機からの信号で一斉開放弁が自動的に開放する自動式や、人による操作で開放する手動式があります。

閉鎖形ヘッドでは、感熱によってヘッドが開放して放水を行います。閉鎖型のうち、乾式および予作動式はヘッド内に圧縮空気が封入され、空気の圧力で水の噴出を押さえています。

スプリンクラーは、一般的には閉鎖型の湿式を使用しますが、寒冷地では凍結のおそれがあるために乾式を使用します。また、劇場の舞台用ヘッドには開放型を使用します。

●スプリンクラー設備の設置基準

スプリンクラー設備は消防法で設置基準が定められています。ただし、一定の条件を満たした場合には設置が緩和されたり免除されたりする場合があります。また、エレベーターの機械室など火災発生の危険性が少ない場所や、通信機械室や手術室など散水することで二次的な被害の発生するおそれのある場所、エレベーターの昇降路など設置による効果が期待できない場所については設置を必要としません。

●ドレンチャー設備

ドレンチャー設備は、延焼のおそれのある開口部の防護や外部からの延焼防止に使用するためのヘッドで、水幕をつくるように散水されます。

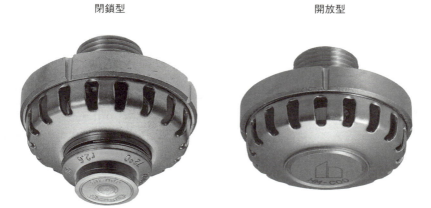

図4-23-1　スプリンクラーヘッドの外観

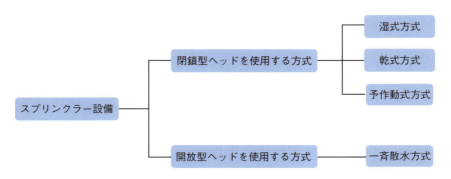

図4-23-2　スプリンクラー設備の種類

4-24 誘導・避難設備

●避難器具

　避難器具は、火災発生時に避難するために使用する設備で、避難はしごや避難タラップ、滑り台、救助袋などがあります（図4-24-1）。設置においては、操作のためのスペースと避難器具を使用して地上に降下するための空間、地上に降りた時に安全なスペースの確保が規定されています。また、避難器具の種類によって常時使用可能な状態にしておくものと、使用するときに使用可能な状態にするものがあり、防火対象物の種類や階数によって設置可能なものが異なります。

●誘導標識

　誘導標識は、火災時に屋外に避難する際に経路の目安とするもので、避難口に設置する避難口誘導標識と、廊下や階段に設置する通路誘導標識に分類されます。また、それぞれ中輝度蓄光式誘導標識と高輝度蓄光式誘導標識があります。

●誘導灯

　誘導灯とは、避難口や避難口へ通じる通路に設置する箱型の照明器具で、避難口誘導灯、通路誘導灯、客席誘導灯の3種類があります。避難する方向を示すピクトグラムが描かれ、通常は常用電源で点灯していますが、停電時には自動的に非常電源に切り替わります（図4-24-2）。

　誘導灯の大きさや明るさは、防火対象物の規模や種類に応じて定められています。劇場や病院、百貨店といった不特定多数が出入りする施設では、原則としてすべての建物に誘導灯を設置する必要があります。また、共同住宅や工場などの場合、地階および無窓階、11階以上の階に設置が必要です。

●非常用照明

非常用照明は、停電時に点灯して一定の照度を確保することにより、避難を助けるものです。建築基準法によって設置基準が定められており、蓄電池を内蔵した電源内蔵型非常用照明と、蓄電池設備を別に用意する電源別置型非常用照明があります。

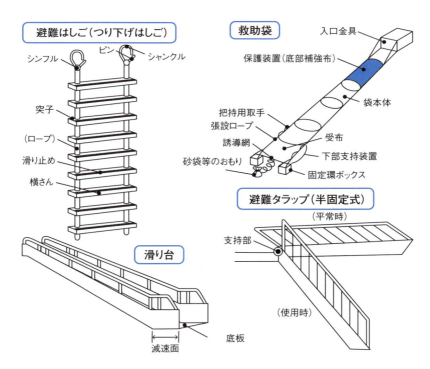

図 4-24-1　避難器具の種類

図 4-24-2　誘導灯の例

地震対策

●地震の大きさ

地震の大きさは、震度やマグニチュード（M）などの単位で表します。震度は各地点の揺れの強さを、マグニチュードは地震そのものの規模を示す数値です。震度は、0（無感）、1（微震）、2（軽震）、3（弱震）、4（中震）、5（強震）弱、5（強震）強、6（烈震）弱、6（烈震）強、7（激震）の10階級で表現されます。

●地震に備えた防災対策

建築物が大きな揺れを受けると、構造体や設備が被害を受けて機能が停止するとともに、人命に危害をおよぼすことにもなります。そのため、地震に備えて、設備の耐震診断や利用者による避難訓練など、ハード・ソフトの両面から対策を立てておく必要があります。

●建築物の地震対策

地震対策には、建築物が地震の揺れに耐えられるように強度を強める「耐震」や、地震の揺れを制御する「制振」、地震の揺れを建築物に伝わりづらくする「免震」などがあります（図4-25-1）。

制振では、建築物に揺れを吸収するためのダンパと呼ばれる部材を組み込むことで、揺れの影響を軽減させます。

また、免震は、ゴムやベアリングなどを使って地面と建物を切り離すことで建築物に伝わる揺れを軽減させるしくみです。

●設備機器の地震対策

建築設備や機器においては、機器の基礎の据付けや配管・ダクトなどの耐震強度が十分か、配管・ダクトの貫通部にフレキシブル型継手（図4-25-2）などが緩衝部材を採用した耐震設計となっているかを確認し、必要に応じて耐震補強をするなどの対策が必要です。

また、地震発生時には、感震器による自動停止または手動によって運転中の機器を停止させることで設備や機器を保護し、二次災害の発生を防ぐ必要があります。

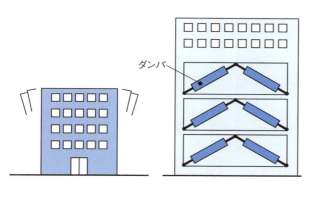
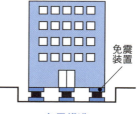

耐震構造
揺れに耐える

建築物の柱や壁の強度や変形性能（粘り強さ）を高める。建築物全体で揺れに耐える

制振構造
揺れのエネルギーを吸収する

建築物に揺れのエネルギーを吸収する部材（ダンパ）を入れて、建築物の揺れを小さくする

免震構造
地震から免れる

免震装置によって、建築物と地面を切り離し、建物に伝わる揺れのエネルギーを小さくする

図 4-25-1　耐震構造・制振構造・免震構造

（写真提供：倉敷化工株式会社）

図 4-25-2　フレキシブル型継手の例

4-26 エレベーター

●エレベーターの分類

　エレベーターを用途によって分類すると、乗用や入荷用、病院患者用、荷物用などがあり、さらに乗用には展望用エレベーターや防災設備の非常用エレベーターなどがあります。

　エレベーターの構造には、油圧式やロープ式などがあります（図4-26-1）。油圧式エレベーターは、かごを油圧ジャッキの押上げ力で上昇させ、自重によって下降させます。

　ロープ式エレベーターは、かごと釣合おもりをワイヤロープで結んで、巻上機の綱車にかけたワイヤロープと綱車との摩擦力で駆動するしくみです。

　また近年では、機械室を必要としないマシーンルームレスエレベーターを採用する建築物も増えています。

●定期検査

　エレベーターは、建築基準法で年1回の定期検査が義務付けられています。また、労働安全衛生法でも、年1回の性能検査と月1回の自主検査を行わなければならないとされています。

　エレベーターを稼働させるための各機器は、昇降路部分の真上に設けられた機械室に設置されています。機器には制御盤や受電盤、電動機、巻上機などがあり、機械室の面積や天井までの高さ、構造は法令で定められています（図4-26-2）。

●安全装置と防災対策

　エレベーターには、安全に使用するための安全装置の設置が義務付けられています。具体的には、出入口の戸が閉じていないとかごを動かせない装置や、停電などの非常時に外部と連絡のとれる装置、かごの降下が速過ぎる場合に自動停止する装置などがあります。

また、防災対策としては、地震時管制運転装置があります。地震発生時に地震波のP波（初期微動）を感知するもので、原則としてエレベーターの昇降路底部または建築物の基礎に近い階に設置されています。

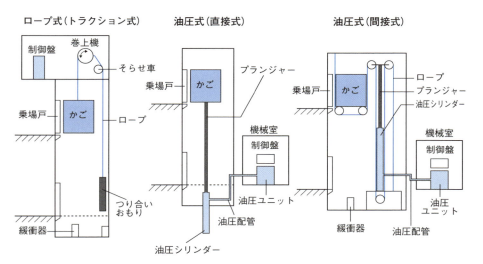

図4-26-1　油圧式エレベーターとロープ式エレベーター

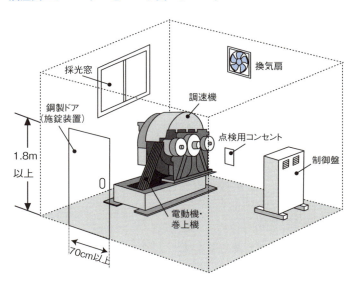

図4-26-2　エレベーターの機械室

4-27 エスカレーター、機械式駐車場設備

●エスカレーターの構造

エスカレーターは、一定方向の人間の流れに対して大きな輸送力を持つことからデパートや駅、大規模事務所建築物などに広く使われています（図4-27-1）。エスカレーターの構造は法令で定められており、勾配は30°以下、速度は30〜40m/分となっています。なお、エスカレーターの勾配が30°を超える場合には、「勾配は35°以下」、「踏段の定格速度は30m/分以下」、「揚程は6m以下」などの制限を受けます。

●配列方式と駆動方式

エスカレーターの配列方式には、乗客の流れが連続的になる「複列交差型」、据え付け面積が小さい「単列重ね型」、昇降の交通が明確に分離できる「平行乗り継ぎ型」などがあります（図4-27-2）。

また、駆動方式では、上部に設置した駆動機から駆動チェーンに動力を伝達するタイプが一般的です。ただし、総延長の長いエスカレーターの中には、傾斜直線部分に複数の駆動ユニットを設けた中間駆動方式を採用しているものもあります。

●エスカレーターの安全装置

エスカレーターの安全装置には、階段くさりが切断した時の自動停止装置のほか、踏段側面とスカートガードの間や、ハンドレールの入込口に人や物が挟まった時に自動停止する装置などがあります。

●機械式駐車場設備

機械式駐車場設備を大きく分類するとタワー式と多段式があり、タワー式は建築物として、多段式は工作物として扱われます。タワー式にはエレベーター方式や垂直循環方式、多層循環方式などが、多段式には地上式、ピット

式、単純昇降式などがあり、敷地の広さや経済性などの条件を考慮して選択します。

機械式駐車場に法定点検はありませんが、安全に利用するために定期的にメンテナンスを実施することが大切です。

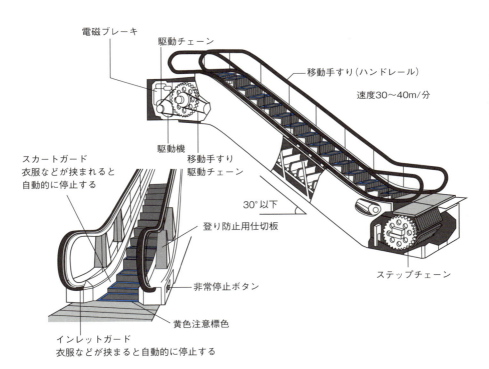

図4-27-1　エスカレーターの構造

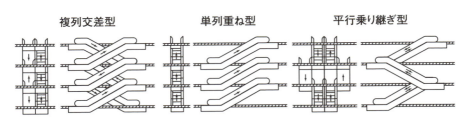

図4-27-2　エスカレーターの配列方式

ビルメンテナンスに関する資格

　ビルメンテナンスを行うにあたっては、点検や整備の内容によって様々な資格が必要となります。主要なものとしては、消防設備士やボイラー技士、電気工事士、危険物取扱者、建築物環境衛生管理技術者などがあります。

　消防設備士は消防設備の整備に必要な資格です。工事および整備が行える甲種と、整備のみ可能な乙種があり、甲種は特類から第5類、乙種は1類から7類に分かれています。各類によって対象となる設備が異なり、例えば1類は屋内消火栓設備やスプリンクラー、2類は泡消火設備、4類は自動火災報知設備やガス漏れ火災警報設備となっています。

　ボイラーの管理には、ボイラー技士の資格が必要となります。特級、1級、2級の3種類があり、それぞれ取り扱いできるボイラーの伝熱面積が異なります。試験は誰でも受けることができますが、合格後の免許申請には実務経験などが必要なので注意してください。

　電気工事士は電気工作物の工事の際に必要となる資格で、1種と2種があります。このうち2種は600ボルト以下で受電する設備の工事ができる資格で、受験資格はなく誰でも受験できます。

　危険物取扱者には甲種と乙種、丙種があり、乙種は1類から6類に分類されています。ガソリンやアルコール類、灯油などの引火性液体の取り扱いには4類が必要です。

　建築物環境衛生管理技術者は通称ビル管理士と呼ばれ、面積3000m²以上の特定建築物には選任義務があります。試験の受験もしくは講習を受講することで取得でき、いずれの場合も実務経験が必要です。

　この他にもビルメンテナンスに関する資格はたくさんあります。出題範囲の重なるものも多いので、必要なもの、取得しやすいものから挑戦してみると良いでしょう。各試験の出願方法や試験日程などは、それぞれの実施団体のウェブサイトなどで確認してください。

第5章

建築物・設備保全業務

ここまで建築物の内部の整備について説明をしてきました。
建築物・設備保全業務では
建築物自体の構造や材料について
知識として把握しておくことが大切です。

5-1 建築構造の種類と形式

●構造形式による分類

建築構造は、その骨組みの形式によって次のような種類に分類できます(図5-1-1)。

①骨組構造：柱や梁などの水平方向と鉛直方向の部材を強く接合させた骨組みの構造で、ラーメン（Rahmen）構造とも呼ばれています。

②トラス構造：骨組みの各部材が三角形になった構造です。比較的細い部材を使っており、大スパン空間などをつくることができます。

③アーチ構造：湾曲した部材や石、れんがを積み重ねることで、曲線状もしくは曲板状の屋根をつくる構造です。

④シェル構造：非常に薄い曲面状の板で立体的な骨組みをつくる構造です。

⑤壁式構造：柱や梁がなく、板状の壁や床でつくる構造です。

⑥空気膜構造：内外の気圧差を利用して、膜状の材料で空間を覆う構造です。室内気圧を高くして膜に生じる張力で形状を保つ構造となっています。

⑦吊り構造：ケーブルなどの吊り材を使って主要な骨組みの部分を吊る構造です。

⑧折版構造：面板や筒状、多面体状の材料を使うことによって、外力に抵抗する構造です。

●材料による分類

建築物を材料によって分類した場合、以下のようなものがあります。

①木構造：木材を組み立ててつくる構造のことです。

②鉄筋コンクリート構造（RC構造）：コンクリートを鉄筋で補強した構造です。現場で鉄筋を組み、型枠をつくって、その中にまだ固まっていないコンクリートを流し込み硬化させることによって鉄筋と一体化させます。

③鉄骨構造（S構造）：RC構造と比較して大スパン構造、高層建築物でよく用いられ、S構造（S造）あるいは鋼構造とも呼ばれます。

④鉄骨鉄筋コンクリート構造（SRC構造）：鉄骨構造の骨組みの周囲を鉄筋コンクリートで固めた構造で、鉄筋コンクリートと鉄骨構造の混合構造といえます。SRC構造（SRC造）と呼ばれます。

● **免震構造**

免震構造とは、一般に積層ゴムなどの材料で免震する機構をつくり、主として振動の固有周期を延長させることによって、地震力への建築物の応答を抑制あるいは制御しようとする構造です。

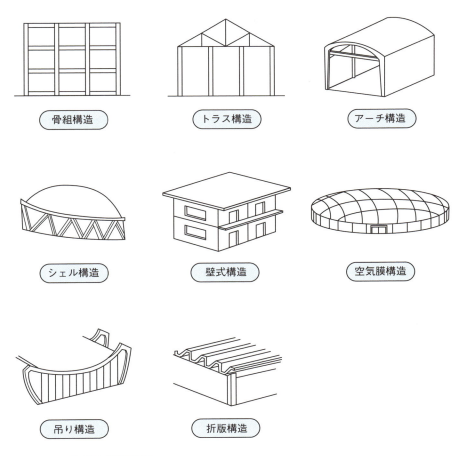

図5-1-1　各種の構造形式

5-2 コンクリートの知識

●コンクリートの概要

コンクリートとは、水とセメント、細骨材（砂）、粗骨材（砂利、砕石）および必要に応じて混和材料を加えて、これらを練り混ぜたものです（図5-2-1）。このうち、まだ固まらない状態にあるコンクリートをフレッシュコンクリートと呼びます。なお、モルタルはコンクリートから粗骨材を除いたものです。

●コンクリートの調合

コンクリートに求められる条件には、強度、耐久性、ワーカビリティー（施工難度）の3つがあります（図5-2-2）。また、これらの要求条件を満たすためには、調合条件や良質な材料を使用すること、適切な取り扱いが重要となります。

●混和剤

混和剤とは、水やセメント、骨材以外にコンクリートに添加することで、一定効果をもたらす材料のことをいいます。コンクリート中に微細な気泡を含ませてワーカビリティーを向上させるAE剤や、単位水量を減少させる減水剤、これら両方の性能を持ったAE減水剤などがあります。

●コンクリートの性質

コンクリートの圧縮強度は、水とセメントの混合割合（水セメント比）によって左右されます。水セメント比は、水とセメントの質量比で、パーセント（％）で表されます。

コンクリートの強度は練混ぜの方法や養生方法に影響されます。また、生コンクリートの流動性はスランプ値という値で表し、スランプの値が大きくなるほど、流動性が高くなります。ただし、スランプ値が過大な場合はコン

クリートが分離しやすくなります。

●ひび割れの原因と現象

コンクリートのひび割れの原因には、乾燥収縮が原因となって起きるものやアルカリ骨材反応によるもの、基礎の不同沈下などがあり、原因によってひび割れの状態が異なります。

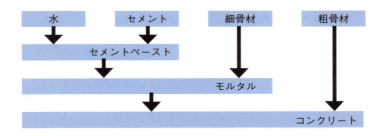

図 5-2-1　セメントペースト・モルタル・コンクリートの構成材料

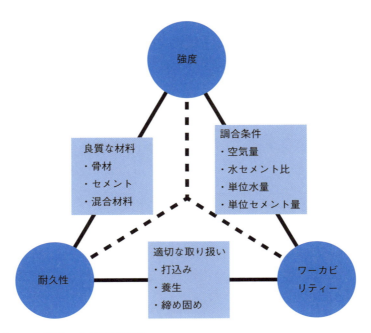

図 5-2-2　コンクリートの要求条件

5-3 仕上材料の知識

●ガラス

　ガラスは、熱、空気などの環境を遮断しつつ、光、視線を自由にコントロールできることが最大の特徴です。窓などに使用される板ガラスのほか、ガラスブロックやグラスウールなどとしても広く用いられています。

　建築用板ガラスには、フロート板ガラス、熱線吸収板ガラス、熱線反射板ガラス、網入り板ガラス、複層ガラスなどがあります（図5-3-1）。また、通常の板ガラスに比べて非常に高い強度をもつ強化ガラスは、自動ドアなどに使われています。

●プラスチック材料

　プラスチック成形物は、耐食性や熱・電気絶縁性、耐水性などが良いこと、化学的に安定している点がメリットです。また、環境的に欠点があることを克服したリサイクル可能なプラスチック材料も開発され、建築材料にも多用されています。

●FRP（繊維強化プラスチック）

　FRPとは、Fiber Reinforced Plasticsの略で、繊維強化プラスチックのことです。繊維と樹脂でプラスチックを補強することで強度を著しく向上させ、建築材料にも使用されています。

●金属の腐食と防食

　2種の異なった金属材料間に水分があると腐食が起きやすくなります。これを防ぐには、油類やアスファルト類を塗ることや、めっきをすることや酸化皮膜で覆う方法などがあります。

●断熱材

　断熱材の種類を素材で分類した場合、グラスウール、ロックウールなどの鉱物繊維系、ポリウレタン、ポリスチレン、ポリエチレンなどの発泡プラスチック系、炭化コルク、セルロースファイバー、ウールなどの自然素材系に分類できます（図5-3-2）。なお、鉱物繊維系のうち、アスベストは現在では使用が禁止されています。

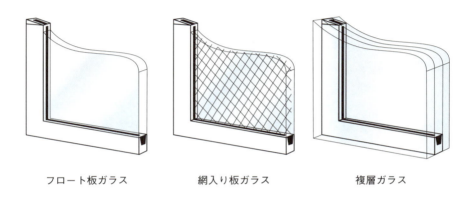

図 5-3-1　ガラスの種類

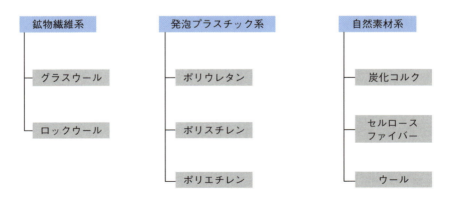

図 5-3-2　断熱材の種類

5-4 長寿命化の技術と耐用年数

●ライフサイクルコスト

　ライフサイクルコスト（Life Cycle Cost）は LCC とも呼ばれ、企画設計費、建設費、運用管理費および解体再利用費にわたる建築物の生涯に必要なすべてのコストを指します。

　建設費のコストを考える時、建設費のみを対象として評価しがちですが、これは全コストから考えれば氷山の一角にあたるもので、水面下に隠れている保全費、修繕費、改善費、運用費、一般管理費といったコストを含めて考えていかなければなりません（図5-4-1）。

●ライフサイクルマネジメント

　ライフサイクルマネジメント（Life Cycle Management）は LCM と略され、地球環境問題となる二酸化炭素などの排出量やエネルギー使用量、資源使用量などを含めて考える管理手法です。LCM の要素としては、ライフサイクル CO_2（$LCCO_2$）、生涯エネルギー使用量、生涯資源使用量や生涯労働力などがあります。

●生涯二酸化炭素排出量

　$LCCO_2$ は、建築物・都市の資材製造から建設、運用、改修、廃棄までのライフサイクルで排出される二酸化炭素の量を算出するものです（図5-4-2）。

●ライフサイクルアセスメント

　ライフサイクルアセスメント（Life Cycle Assessment）は LCA とも呼ばれ、製品の生涯を通しての環境側面および潜在的環境影響を評価するものです。環境影響の領域としては、資源利用や人間の健康および生態系への影響が含まれています。

●建築物・設備の耐用年数

建築物・設備の維持管理では、耐用年数を念頭において考える必要があります。給水・給湯配管や冷暖房設備などの法定耐用年数は、建築物の耐用年数よりも短い特徴があります。

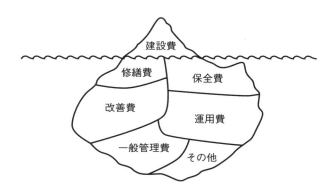

図 5-4-1　建設費とその他の費用との関係

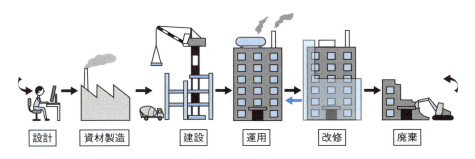

$$\text{LCCO}_2[\text{kgCO}_2[\text{kgCO}_2/\text{年 m}^2]] = \frac{\text{建物が障害に排出する全 CO}_2\text{量}}{\text{寿命年数} \times \text{延床面積}}$$

LCCO$_2$ は単位を [kgCO$_2$/年 m^2] として単体建築物の評価に活用することもできる

図 5-4-2　建築物のライフサイクル

❗ ファシリティマネジメント

　ファシリティマネジメント（FM = Facility Management）とは、企業などが自らの活動のために施設とその環境を総合的に企画・管理・活用する経営活動のことです。ファシリティとは、企業などが自ら使用する土地や建築物、設備といった施設すべてと、利用する人の環境を包含した表現で、一般にいう「施設」とは区別して用います。ファシリティの構成要素には、土地や建築物、各設備、執務空間や居住空間などがあります。

FMの対象としてのファシリティの主な構成要素

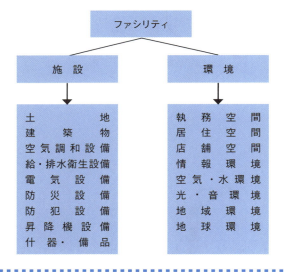

第6章

保安警備業務

セキュリティの重要性は近年ますます高まっています。
建築物の警備システムについて監視と警備、
出入り管理に分けて説明します。

6-1 監視のためのシステム

●セキュリティシステムとは

建築物向けのセキュリティ実現の方法には、建築物に警備員を常駐させて行う「常駐警備」のほか「監視カメラシステム」や「機械警備システム」、「出入管理システム」などがあります。

●常駐警備による監視

建築物の監視手段として抑止効果の高いものに、「常駐警備」と「監視カメラシステム」があります。人の目によって警備を行う常駐警備は大きな抑止効果を持ち、建築物の入り口などに配置することで正当な目的を持たない人が内部に入れないようにします。

●監視カメラシステムによる監視

監視カメラシステムは、警備員の目の代わりとして管理区画と動線の交わる扉や動線上、管理区画内を監視できる場所などに設置するものです（図6-1-1）。常駐警備員の監視や確認業務の支援、そしてそれを補完する目的で使用され、設置台数に比例して抑止効果も向上します。

撮影した画像はハードディスクやフラッシュメモリに保存され、容量が不足した場合は古いものから削除されていきます。

●監視カメラの行動認識技術

建築物では監視カメラの普及が進み、犯罪捜査の手がかりとしてその映像が利用されるなど大きな期待が寄せられています。人物の移動速度や行動パターンを複数の監視カメラによって認識することで不審な行動を自動検知して追跡するシステムも実用化されつつあります。

さらに、建築物内のネットワーク経由で映像を送信できるカメラ技術も進みつつあります。

なお、機械警備システムの場合は侵入者を検出する各種センサーが人の目の代わりをしますが、センサー自体は犯罪者にその検出能力をわかりにくくし、検出死角を露呈させないよう極力目立たない状態で設置されるため、監視カメラのような抑止効果や予防効果は期待できません。

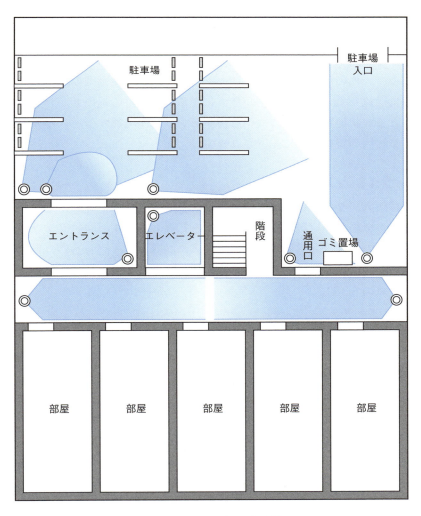

図 6-1-1　マンションにおける監視カメラ設置場所の例

6-2 機械警備システム

●ローカルシステム

　機械警備システムは、ローカルシステムとオンラインシステムに分けることができます。ローカルシステムは、扉や窓の開放を検出するマグネットセンサーや、人体の熱を検出する熱線センサーを、管理区画内の扉や窓、重要物周辺に設置します。管理区画が無人になる時に最終の退出者がカードを操作すると警戒状態となり、警戒中に防犯センサーが発報すると、侵入異常として建築物内の監視装置に記録されます。

●オンラインシステム

　夜間は無人になることを前提に、警備会社などのコントロールセンターとオンラインで結び、遠隔監視とその対処を行うものです。防犯異常以外にも火災、設備の異常、非常通報、ガス漏れ、エレベーター閉じ込めの異常監視、設備発停などの設備制御など、建築物の無人化に必要なサービスを合わせて行います（図6-2-1）。

●機械警備の画像認識技術

　機械警備システムにおける画像認識技術は、いかに確実に侵入を検出し、現地対処できるかが重要になります。最新の機械警備システムでは、高度な画像認識技術を応用した画像センサーが利用されています。夜間でも鮮明に画像を捉えることができ、異常発生時や非常ボタンが押された時にはその画像が警備会社のコントロールセンターに自動送信されます。

　さらに、画像センサーに内蔵したマイクで現場音声を確認することや、侵入者や強盗などに対してコントロールセンターから直接スピーカーで威嚇、警告も可能なシステムとなっています。

　警備会社のコントロールセンターでは、契約先の状況が映像や音声により正確に把握できるため、直ちに警察通報が行えることや、犯人や犯行状況を

画像記録として残せるという利点があります。これからのオンラインによる機械警備システムは、画像センサーなど映像を活用したものが主流になっていくでしょう。

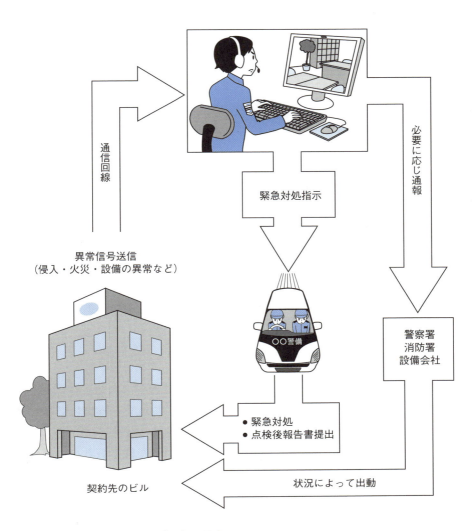

図6-2-1　緊急対応オンラインシステム

6-3 出入管理のためのシステム

●常駐警備での出入管理

　出入管理とは、入退館する者に対してビルが定めた「資格」と「必要性」を確認し、それらを管理台帳などに記録として残すことです。常駐警備で行う出入管理では、正当な目的を持たない人や車両、物などの出入りを管理・制御して管理区画に入れないようにし、建築物の安全を維持します。

　出入管理を行う警備員は、勝手な判断によって人や車両、物などの入場を許可または拒否してはなりません。これらの判断基準は、建築物の管理規定や就業規則で明確に定める必要があります。

●認証装置による出入管理

　認証装置を使用して出入管理を行う場合は、扉や自動ドア入口の外壁にカードリーダーなどを設置します。装置によって利用者のカードが許可されたものかどうかを照合判断して、入室資格がある場合のみ電気錠を開錠して通過させるしくみです。

●物に対する管理

　郵便や宅配などは、危険物探知機器を用いて爆発物や毒物などの危険物が紛れ込んでいないかを確認します。具体的には、磁場変化を検出して郵便物や小包の内容を検査するスキャンメールや、内容物の画像確認ができるX線検査機、金属探知ゲートや爆発物・麻薬探知機といった機器があります。（表6-3-1）。

●車両に対する管理

　車両に対する出入管理では、車両に取り付けられた危険物や同乗している不審者、持ち込まれる不審物の検査を行います。工場など広大な敷地を持つ場合には敷地外周部の車両ゲートで、一般ビルの場合はビル内の駐車場入口

で行われています。

　車両の出入管理機器には、地中から突出して車両の進行を防ぐ車両突入防止機や、不審物を確認する車両下部検査カメラ、車両ナンバー識別・記録装置などがあります（表6-3-2）。

表6-3-1　危険物探知機器

名称	郵便物専用金属探知機	X線検査機	爆発物・麻薬探知機
外観	（写真提供：日本金属探知機製造株式会社）	（写真提供：株式会社システムスクエア）	（写真提供：帝国繊維株式会社）
概要	・6cm厚までの包装物を高速で検査可能 ・危険物をクリップ・タグ・ピンなどの文具類と識別でき、特別な訓練なしで使用可能	・物質のX線透過率の違いにより、内容物の形状を画像表示 ・チェックは画像確認により人が行う ・ベルトコンベア式で大量のチェックが可能	・X線や中性子線、ベータ線などを利用して、違法な薬物と爆発物の痕跡を同時に検出する

表6-3-2　車両の出入管理機器

名称	車両突入防止機	車両下部検査カメラ	車両ナンバー識別・記録装置	警備員の車両検査
外観				
概要	・通常時地中に格納し緊急時に突出する方式と、通常時から突出している方式の2通りがある ・通常時地中に格納されているものは、油圧式にて1～2秒で動作が可能	・車両通過時に車両下部にライト照射を行いカメラで確認し、車両の下部に不審物があるかを検査する	・カメラ映像を画像認識処理することにより、通行車両のナンバープレートを読み取り、記録を行う ・システムに通過許可車両番号を登録して、車両番号による通行管理を行うことも可能	・インスペクションミラーを用いた車底検査、トランク検査などの車両検査に加え、入場者の所持品確認など、警備員の目視によっても荷物の検査を行う

6・保安警備業務

❗ 出入管理システムにおける生体認証技術

　生体認証システムは、指紋や静脈、網膜、虹彩、掌型、音声、顔といった人間の身体的な特徴を使い、本人か否かを認証するしくみです。銀行のATMやIT機器などで知られるこのシステムですが、出入管理システムの認証装置としても実用化されています。

　ビルの出入りに生体認証を利用すると、カードを持ち歩く必要がないため利用者の負担を軽減でき、また、紛失や盗難、貸与などによるトラブルも起きないというメリットがあります。

生体認証システムの例

指紋による認証システム

静脈による認証システム

（写真提供：セコム株式会社）

第7章

ビルマネジメント、関連法規など

7章ではビルメンテナンスに関する用語
および法律などをまとめます。
ビルメンテナンスを学ぶ際の参考としてください。
また、最後に建築物環境衛生管理
技術者についても説明しています。

7-1 ビルマネジメントに関する用語

●ビルマネジメント用語

　ビルマネジメントの用語を、建築物の所有・経営・管理の関係から整理すると、図7-1-1のようになります。アセットマネジメント（Asset Management = AM）の業務内容はビルオーナーとほぼ同等であり、プロパティマネジメント（Property Management = PM）はその下位に位置しています。そして、それらの下位に各種の現場業務を担当する専門業者などが位置づけられます。

●プロパティマネジメント

　PMやAMは、施設提供側の論理による米国流の不動産施設マネジメント手法です。このうちPMは、Property（資産、財産）という名前が表すように、資産・財産管理、管財などの業務を意味します（図7-1-2）。

●アセットマネジメント

　AMは、広義には株式、債券、不動産などに分散した資産運用を指しますが、不動産という狭義分野におけるAMは、資産家から不動産資産の運用を委託され、ビル経営を代行するビジネスを意味します。

●リーシングマネジメント

　リーシングマネジメント（Leasing Management = LM）は、テナント誘致営業のことを表します。なお、Leasingという言葉には、不動産を賃貸（借）するという意味があります。

●コンストラクションマネジメント

　コンストラクションマネジメント（Construction Management = CM）は、米国が発祥で、その定義は「近代的なマネジメント技術を駆使し、建設プロ

ジェクトの計画、設計、工事の各段階において、スケジュール、コスト、品質をコントロールしてプロジェクトを円滑に推進する業務」とされています。

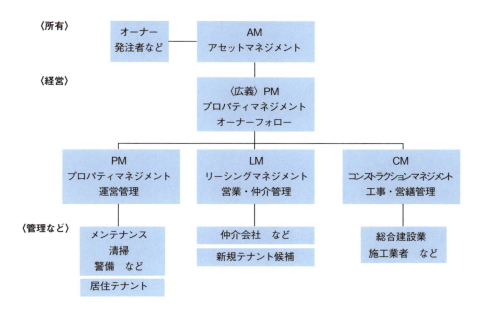

図 7-1-1　ビルマネジメント用語の結びつきと体系化

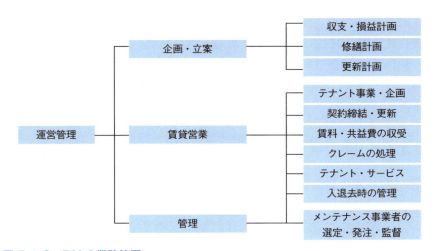

図 7-1-2　PM の業務範囲

7-2 建築物の評価システム

● CASBEE とは

CASBEE（Comprehensive Assessment System for Built Environment Efficiency：キャスビー）とは、「建築環境総合性能評価システム」のことです。なお、CASBEE を建築物のライフサイクルに対応させたものが図 7-2-1 です。

● CASBEE による評価のしくみ

(1) 2つの評価分野：Q と L

CASBEE では、敷地境界等によって定義される「仮想境界」で区分された内外2つの空間それぞれに関係する2つの要因によって、主要な評価分野 Q および L を次のように評価します（図 7-2-2）。

① Q（Quality）：建築物の環境品質・性能
「仮想閉空間内における建築物ユーザーの生活アメニティの向上」を評価。

② L（Loadings）：建築物の外部環境負荷
「仮想閉空間を越えてその外部（公的環境）に達する環境影響の負の側面」を評価。

(2) 環境性能効率（BEE）を利用した環境ラベリング

環境性能効率 BEE（Building Environmental Efficiency）は、Q（建築物の環境品質・性能）を分子、L（建築物の外部環境負荷）を分母として算出される指標です。

$$環境性能効率（BEE）= \frac{Q（建築物の環境品質・性能）}{L（建築物の外部環境負荷）}$$

BEE を用いることで、建築物の環境性能評価の結果を、より簡潔・明瞭に示すことができます。つまり、横軸の L に対して Q の値を縦軸にプロットすると、BEE 値の評価結果はグラフ上に原点（0,0）と結んだ直線の勾配として表示され、Q の値が高く、L の値が低いほど傾斜が大きくなり、より

持続可能な方向の建築物と評価できます。この手法で、建築物の環境評価結果をランキング（環境ラベリング）することができます。建築物の評価結果はBEE値が増加するにつれて、Cランク（劣っている）からB−ランク、B＋ランク、Aランク、Sランク（たいへん優れている）として格付けされます。

企画	新築			運用	改修		運用
	基本設計	実施設計	施工		設計	施工	

建築物の企画
敷地選定などのプレデザインの計画

新築の評価
設計仕様と予測性能を評価

ラベリング

既存建築物の評価
評価時点において実現されている仕様・性能を評価

ラベリング

改修の評価
仕様と性能の向上を評価

ラベリング

既存建築物の評価
評価時点において実現されている仕様・性能を評価

ラベリング

図 7-2-1　建築物のライフサイクルと CASBEE

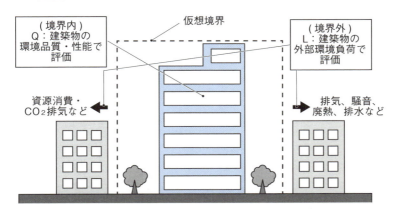

図 7-2-2　仮想閉空間の概念にもとづく「Q: 建築物の環境品質・性能」と「L: 建築物の外部環境負荷」の評価分野の区分

7-3 ビルメンテナンスに関連した法規チェック項目

昨今、コンプライアンスの遵守が重要視されています。ここでは、建築物管理業務を分類した上で、それぞれの業務における関連法規のチェック項目をまとめました（表7-3-1）。

表 7-3-1　建築関連法規

		No	建築関連法規チェック項目	関連法令	
				名称	規定された管理項目
1 建築物・設備保全業務	1-1 点検整備業務		建物構造部の点検整備		
		1	建築物構造部・設備の点検報告等	建築基準法	定期調査・報告
			建築設備の点検整備		
2 環境衛生管理業務	2-1 清掃管理業務		建築物内部清掃		
		2	内・外部清掃	廃棄物処理法 ビル衛生管理法	清掃 清掃
			建築物外部清掃		
	2-2 衛生管理業務	3	衛生管理業務全般	ビル衛生管理法	建築物環境衛生管理技術者の選任等
			空気環境管理		
		4	空気環境管理	ビル衛生管理法	空気環境測定および空調装置清掃
			給水管理		
		5	水質管理	ビル衛生管理法 水道法	給水・給湯・雑用水管理 上水の適正供給
			排水管理		
		6	排水管理	ビル衛生管理法 下水道法 水質汚濁防止法	排水管理 排水設備の維持管理 排水対策
			害虫防除		
		7	害虫防除	ビル衛生管理法	ねずみ等の駆除
			廃棄物処理		
		8	廃棄物処理（一般廃棄物）	廃棄物処理法	一般廃棄物の適正処理
		9	廃棄物処理（産業廃棄物）	廃棄物処理法	産業廃棄物の適正処理
		10	廃棄物処理（リサイクル推進）	リサイクル法（資源有効利用促進法）家電リサイクル法	リサイクル推進の努力 家電類適正処理

3 設備管理業務	3-1 運転保守業務	電気通信設備			
		空気調和設備			
		11	ばい煙対策(電気設備・空調設備管理)	大気汚染防止法	ばい煙発生施設の届出・管理
		12	騒音対策(電気設備・空調設備管理)	騒音規制法	騒音発生施設の届出・管理
		13	振動対策(電気設備・空調設備管理)	振動規制法	振動発生施設の届出・管理
		14	フロン等対策(空調設備・消防設備管理)	フロン回収破壊法	フロン類の回収
		15	PCB処理(電気・通信設備管理)	PCB特別措置法	PCBの適正管理・処分
		消防用設備			
		16	消防用設備の点検	消防法	消防用設備等の点検・報告
		17	フロン等対策	フロン回収破壊法	フロン類の回収
		昇降機設備			
		18	建築設備の点検・報告	建築基準法	定期点検・報告等
4 保安警備業務	4-1 警備業務				
	4-2 防火防災業務	17	防火管理	消防法	防火管理者の選任・点検等
		18	危険物管理	消防法	危険物保安統括管理者の選任等
	4-3 駐車場管理業務	19	駐車場管理	駐車場法	駐車場管理
5 その他管理業務	5-1 ビルマネジメント業務	20	執務空間の健康障害防止	労働安全衛生法	安全管理者の選任等
		21	省エネルギーの推進	省エネルギー法	エネルギー管理員の選任等
		22	身障者・高齢者対応	バリアフリー法	技術基準への適合努力
		23	耐震措置	耐震改修促進法	耐震診断・耐震改修等
		24	広告物等屋外工作物の管理	景観法	工作物設置の届出等
		25	改修工事等の届出	建設リサイクル法	改修・増改築工事の届出
		26	改修工事等の設計・施工	グリーン購入法	建材・設備の選択
		27	建設廃棄物処理	建設リサイクル法	建設廃棄物の適正処理
	5-2 管理サービス業務	28	駐車場の増設	駐車場法	増改築時の駐車場増設
		29	文化財等管理	文化財保護法	管理責任者の選任・届出等
		30	工事欠陥に対するクレーム	民法	瑕疵に伴う瑕疵修補および損害賠償の請求

7-4 法律上のトラブル事例とリスク①

　ここでは、消防関係、建築物関係の事例を中心に、コンプライアンスとリスクの見地から、建築物関連の法規に着目して、それらの法律に違反した場合の罰則を、「キーワード」「事象」「違反根拠条文」「罰則の適用条文と罰則」に分け、表にまとめました（表7-4-1、表7-4-2）。

表 7-4-1　消防関係

キーワード	事象	違反根拠条文	適用条文	罰則
無断貯蔵	指定数量以上の危険物（たとえば、発動発電機用の油など）を継続して無断で貯蔵したとしたら	消防法第10条第1項	消防法第41条第3項	1年以下の懲役または100万円以下の罰金
使用禁止	防火対象物の使用の禁止、停止または制限を命じられたにもかかわらず、そのまま使用したとしたら	消防法第5条の2第1項	消防法第39条の2の2第1項、第2項	3年以下の懲役または300万円以下の罰金（情状により懲役および罰金を併科）
設備損壊	無断で火災報知器、消火栓、消防用水等を損壊したり、撤去したりしたら	消防法第18条第1項	消防法第38条	7年以下の懲役
漏油	業務上必要な注意を怠り、発動発電機室や油タンクなどから油を漏出させ、または飛散させて火災の危険を生じさせたとしたら		消防法第39条の3第1項	2年以下の懲役もしくは禁錮または200万円以下の罰金（ただし、公共の危険が生じなかった場合には罰しない）
死傷	業務上必要な注意を怠り、発動発電機室や油タンクなどから油を漏出させ、または飛散させて火災等により人を死傷させたとしたら		消防法第39条の3第2項	5年以下の懲役もしくは禁錮または300万円以下の罰金
改修怠慢	消防長または消防署長により、防火対象物の改修等の命令を受けたにもかかわらず改修等を怠ったとしたら	消防法第5条第1項	消防法第39条の3の2	2年以下の懲役または200万円以下の罰金（ただし、情状によっては懲役および罰金を併科）
維持怠慢	設備等技術基準に従って設置され、消防設備等の維持のための必要な措置を怠ったとしたら	消防法第17条の4第1項	消防法第44条第12号	30万円以下の罰金または拘留

表 7-4-2 建築物関係

キーワード	事象	違反根拠条文	適用条文	罰則
無許可建築	仮設建築物を無許可で建築したり、1年以内と定めた期間を超えて存続させたら	建築基準法第85条第3項または第5項	建築基準法第101条第8項	100万円以下の罰金
容積率オーバー	法定容積率一杯に建築したビルの床面積に参入しない地下駐車場を事務室に模様替えしたとしたら	建築基準法第52条	建築基準法第101条第3項	100万円以下の罰金
無許可増築	無届けで建物を増築したとしたら	建築基準法第6条第1項	建築基準法第99条第1項	1年以下の懲役または100万円以下の罰金
無許可模様替	建築基準法に定められた大規模模様替を無断で行ったとしたら	建築基準法第6条第1項	建築基準法第99条第1項	1年以下の懲役または100万円以下の罰金
確認済証交付前建築	確認済証交付前に、建築、大規模模様替工事を行ったとしたら	建築基準法第6条第14項	建築基準法第99条第2項	1年以下の懲役または100万円以下の罰金
内装制限	建築基準法の内装制限があるのにもかかわらず耐火性能のない間仕切りを設けたとしたら	建築基準法第35条の2	建築基準法第98条第2項	3年以下の懲役または300万円以下の罰金
無窓居室等の主要構造部	政令で定める開口部を有しない居室において居室を区画する主要構造部を耐火構造または不燃材料で造らなかったとしたら	建築基準法第35条の3	建築基準法第99条第5項	1年以下の懲役または100万円以下の罰金
無届撤去	建物を撤去したが届け出を提出しなかったら	建築基準法第15条第1項	建築基準法第102条第2項	50万円以下の罰金
違反建築	許可された条件に違反した建物を建てたとしたら	建築基準法第9条第1項	建築基準法第98条第1項	3年以下の懲役または300万円以下の罰金
検査	建物に関する中間検査や完了検査を受けなかったとしたら	建築基準法第7条第1項または第7条の3	建築基準法第99条第3項	1年以下の懲役または100万円以下の罰金
耐震改修	多数の人が利用する「特定建築物」の地震に対する安全性に関する報告を怠ったり、虚偽の報告をしたり、または所管行政庁の検査を拒み、妨げ、もしくは忌避したりしたとしたら	建築物の耐震改修の促進に関する法律第7条第4項	建築物の耐震改修の促進に関する法律第28条	50万円以下の罰金

7-5 法律上のトラブル事例とリスク②

ここでは、民法、その他の事例を中心に、コンプライアンスとリスクの見地から、建築物関連の法規に着目して、それらの法律に違反した場合の罰則を、「キーワード」「事象もしくは判例」「違反根拠条文」などに分け、表にまとめました（表7-5-1、表7-5-2）。

表7-5-1 民法関係（判例）

キーワード	判例	違反根拠条文	出典
瑕疵担保 （瑕疵）	内装工事途中の建物に契約目的を達成できない重大な瑕疵がある場合は、注文者は債務不履行の一般原則によって（履行不能を理由として）契約を解除することができる	民法第635条、第415条	東京高裁判決 平成3年10月21日 判例時報1412号109ページ
瑕疵担保 （日照）	建築基準法に著しく違反し、行政指導等に従わずに建築された建物につき、隣地所有者からなされた日照被害等を理由とする建物の一部の切断・撤去請求が認められた	民法第709条	東京地裁判決 平成6年11月15日 判例時報1537号139ページ
近隣 （建設反対運動）	マンション建築に反対の住民の実力による工事阻止闘争が不法行為を構成するとして、損害賠償の支払が命じられた	民法第210条、第211条、第709条、第719条	東京地裁判決 昭和52年5月10日 判例タイムズ348号147ページ
近隣 （プライバシー）	マンションのベランダが民法第235条第1項にいう縁側に該当するとして、同条に基づく目隠しの設置請求が認容された	民法第235条第1項	名古屋高裁判決 昭和56年6月16日 判例時報1021号113ページ 判例タイムズ448号105ページ
近隣 （電波障害）	高層ビル建築による電波障害を理由とする損害賠償請求が棄却された	民法第709条、第415条	大阪地裁判決 平成2年2月28日 判例時報1374号81ページ
近隣 （眺望阻害）	看板広告を掲出していた者からの眺望の利益の侵害等を理由とする損害賠償請求が認められなかった	民法第415条、第709条	東京地裁判決 昭和57年4月28日 判例時報1059号104ページ 判例タイムズ481号86ページ
工作物責任 （特別の不法行為）	大規模小売店の雪で凍った店外階段で顧客が転倒した事故につき、建物所有者および管理会社の損害賠償責任を認めた	民法第709条、第717条	札幌地裁判決 平成11年11月17日 判例時報1707号150ページ 判例タイムズ1063号147ページ
シックハウス症候群 （瑕疵担保責任）	住宅注文者・居住者が、ホルムアルデヒドを原因物質とするシックハウス症候群ないし化学物質過敏症に罹患したことにつき、施工業者には債務不履行や不法行為に当たる事実があると認めることはできない	民法第415条、第634条、第709条	東京地裁判決 平成19年10月10日 判例タイムズ1279号237ページ
近隣 （目隠し）	目隠し設置は相隣関係に基づく互譲の精神から義務づけられたものであるから、後から敷地境界に接近して建築した者から既存建物に対する目隠し設置請求は、互譲の精神にもとるとして認められないとした	建築基準法第65条 民法第234条第1項、第235条	東京地裁判決 昭和60年10月30日 判例時報1211号66ページ 判例タイムズ593号111ページ
近隣 （隣地使用権）	隣地使用権（民法第209条第1項）に基づく土地使用および建物立入承諾請求が認められた	民法第209条第1項、同上ただし書き、第414条	東京地裁判決 平成11年1月28日 判例時報1681号128ページ 判例タイムズ1046号167ページ
近隣 （反射光、光害）	建物の店舗としての利用が、他の建物からの反射光により受忍限度を超える妨害を受けたとして、他の建物所有者に対し、被害防止工事の実施と損害賠償の支払を命じた	民法第206条、第423条、第709条	大阪地裁判決 昭和61年3月20日 判例時報1193号126ページ 判例タイムズ590号93ページ

表 7-5-2　その他

キーワード	事象	違反根拠条文	適用条文	罰則
看板	広告看板を無断で設置したら	屋外広告物法第4条 東京都屋外広告物条例第8条	屋外広告物法第34条 東京都屋外広告物条例第68条第2号	30万円以下の罰金(条例により、罰金または過料のみを科する規定を設けることができる)
食堂	新たに事務所内に食堂を設けたが、所轄保健所に届け出を提出しなかったとしたら	食品衛生法第52条第1項	食品衛生法第72条第1項、第2項	2年以下の懲役または200万円の罰金(情状により懲役および罰金を併科)
下水道	不正な手段により下水道料金の徴収を免れたとしたら		標準下水道条例第28条	徴収を免れた金額の5倍に相当する金額(当該5倍に相当する金額が5万円を超えないときは5万円とする)以下の過料
ばい煙対策	排出基準を上回るばい煙を排出したとしたら	大気汚染防止法第13条第1項	大気汚染防止法第33条の2	6ヶ月以下の懲役または50万円以下の罰金
ばい煙対策	ばい煙発生施設の設置または構造の変更の届出をしたところ、排出基準に適合しないと都道府県知事から計画変更命令を受けたが、従わなかったとしたら	大気汚染防止法第9条	大気汚染防止法第33条	1年以下の懲役または100万円以下の罰金
ばい煙対策	ばい煙発生施設設置の届出をせず、または虚偽の届出をしたら	大気汚染防止法第6条第1項	大気汚染防止法第34条	3ヶ月以下の懲役または30万円以下の罰金
維持管理	特定建築物の維持管理が、建築物環境基準を満たすことができずに建物内における人の健康を損ない、または損なう事態が認められたにもかかわらず、都道府県知事による改善命令を無視して改善を怠ったとしたら	ビル衛生管理法第12条	ビル衛生管理法第16条第5号	30万円以下の罰金
排水管理	浄化槽の保守点検の技術上の基準、または清掃の技術上の基準に満たない保守点検または清掃と認められ、都道府県知事の改善命令を無視して改善を怠ったとしたら	浄化槽法第12条第2項	浄化槽法第62条	6ヶ月以下の懲役または100万円以下の罰金
排水管理	特定施設の設置または変更の届出をしたところ、排出水が排出基準に適合しないと認められ、都道府県知事から計画変更命令を受けたが、従わなかったとしたら	水質汚濁防止法第8条	水質汚濁防止法第30条	1年以下の懲役または100万円以下の罰金
排水管理	特定事業者から排水基準に適合しない排水を排出したら	水質汚濁防止法第12条第1項	水質汚濁防止法第31条	6ヶ月以下の懲役または50万円以下の罰金
廃棄物	各種廃棄物処理基準や法令のほか、公益上また社会慣習上やむを得ないもの以外の廃棄物を焼却したとしたら	廃棄物の処理及び清掃に関する法律第16条の2第3項	廃棄物の処理及び清掃に関する法律第25条第15号	5年以下の懲役または1000万円以下の罰金(またはこれを併科)。法人に対する両罰規定では1億円以下の罰金(第32条第1号)
PCB	PCB廃棄物を譲り渡したり、政令で定める期間内に自ら処分するか、他人に処分を委託しなければならない規定に違反して改善命令を受けたにもかかわらず改善を怠ったとしたら	PCB処理特別措置法第16条第1項	PCB処理特別措置法第24条	3年以下の懲役または1000万円以下の罰金に処し、または、これを併科する
PCB	PCB廃棄物の保管の届出をせず、または虚偽の届出をしたとしたら	PCB処理特別措置法第8条	PCB処理特別措置法第25条	6ヶ月以下の懲役または50万円以下の罰金
主任技術者	事業用電気工作物を設置したにもかかわらず、主任技術者免状の交付を受けた者の中から主任技術者を選任するのを怠ったとしたら	電気事業法第43条第1項	電気事業法第118条第8号	300万円以下の罰金
バリアフリー	不特定多数の人が利用する特定建築物に対して都道府県知事から維持保全の状況について報告を求められたが、その報告を怠るか、虚偽の報告をしたとしたら	高齢者、身体障害者等の移動等の円滑化の促進に関する法律第53条第1項	高齢者、身体障害者等の移動等の円滑化の促進に関する法律第60条	100万円以下の罰金
改修工事	解体工事に着手する7日前までに所定の届出をせず、または虚偽の届出をしたら	建設リサイクル法第10条第1項	建設リサイクル法第51条	20万円以下の罰金
無線装置	第一種電気通信事業者以外で、無許可で無線の増幅装置を設置し運用したとしたら	電波法第4条	電波法第110条第1号	1年以下の懲役または100万円以下の罰金

建築物環境衛生管理技術者

●建築物環境衛生管理技術者とは

「建築物における衛生的環境の確保に関する法律（略称：建築物衛生法）」では、興行場、百貨店、店舗、事務所、学校などの用に供される建築物で、相当程度の規模を有するものを「特定建築物」と定義しています。特定建築物の所有者（オーナー）は、その建築物の空気環境の調整、給水および排水の管理、清掃、ねずみ・昆虫などの防除について、定められた管理基準に従い、維持管理することが義務付けられています。また、特定建築物の所有者は、その特定建築物の維持管理が環境衛生上適正に行われるように監督させるため、「建築物環境衛生管理技術者」を選任しなければなりません。建築物環境衛生管理技術者は、一般に「ビル管理技術者」「ビル管理士」と呼ばれています。

建築物環境衛生管理技術者の主な業務内容を表7-6-1に示します。

●建築物環境衛生管理技術者試験

建築物環境衛生管理技術者は、厚生労働省管轄の国家試験で、建築物の維持管理について監督などを行います。建築物環境衛生管理技術者の資格は、厚生労働大臣が指定する財団法人ビル管理教育センターが行う「建築物環境衛生管理技術者登録講習会」を受けるか、「建築物環境衛生管理技術者国家試験」に合格して得ることができます。ただし、どちらも受験資格が必要です。

受験資格は、表7-6-2に示す建築物の用途において、空気調和設備管理、給水・給湯設備管理、排水設備管理、ボイラ設備管理、電気設備管理、清掃および廃棄物処理、ねずみ・昆虫などの防除、など、環境衛生上の維持管理に関する実務に2年以上従事した者となります。

表 7-6-1 建築物環境衛生管理技術者の主な業務内容

維持管理業務の計画立案（総合計画、個別計画、整備・改修計画の作成、現場技術者への講習の企画など）
維持管理業務を実施する帳簿書類などの整備、計画に基づく実施状況の監督、安全管理、技術指導、工事の発注・監督など
測定・検査の実施とその評価を行う空気環境などの測定、水質検査、各種設備の整備・能力検証、その他施設の総合的点検と問題点の把握など
是正措置問題点の改善、改善案の作成、意見の具申など

表 7-6-2 受験資格となる建築物の用途

興行場（映画館、劇場など）、百貨店、集会場（公民館、結婚式場、市民ホールなど）、図書館、博物館、美術館、遊技場（ボーリング場など）
店舗、事務所
学校（研修所を含む）
旅館、ホテル
その他、上記の用途に類する用途（多数の者の使用、利用に供される用途であって、かつ、衛生的環境も上記の用途におけるそれと類似しているとみられるもの）

用語索引

AM	158, 159
BEE	160
CASBEE	160
DNPHカートリッジ	48, 49
FM	148
FRP	144
KYK（危険予知訓練）	24
L（建築物の外部環境負荷）	160, 161
LCA	146
LCC	146
LCCO₂（ライフサイクルCO₂）	146, 147
LCM	146
LPガス	120, 121
PM	158, 159
Q（建築物の環境品質・性能）	160, 161
RC構造	140
SRC構造	141
S構造	140
TBM（ツールボックスミーティング）	92
X線検査機	154, 155

ア行

アーチ構造	140, 141
アウガスト乾湿計	44, 45
アスベスト	52
アスマン通風乾湿計	44, 45
アセットマネジメント	158, 159
圧縮機	106, 107
圧縮式冷凍機	108
圧力水槽方式	56, 57
油火災	126
網入り板ガラス	144, 145
泡系消火設備	126
安全装置	134
イエダニ	74, 75
イエバエ	74, 75
硫黄酸化物	50
一酸化炭素	48
一般廃棄物	78, 79
医療廃棄物	78
隠ぺい配管	120
エアフローウィンドウ方式	104
衛生管理業務	10, 11, 12
液化石油ガス	120
エスカレーター	136, 137
エレベーター	134, 135
円形ダクト	116, 117
煙霧器	76
往復動圧縮機	108, 109
屋外消火栓設備	126
屋内消火栓設備	126
オゾン	52
温水ボイラー	112, 113
オンラインシステム	152

カ行

蚊	72
外観構造検査	86
開放型ヘッド	128
開放型冷却塔	110, 111
各階ユニット方式	102, 103

角形ダクト	116, 117
かさ高固着物	26, 28, 29
ガス漏れ火災警報設備	124
カタ温度計	45
過電流継電器	88, 89
過電流継電器試験	88, 89
可燃分	82
壁式構造	140, 141
ガラス	144, 145
簡易油酸価測定器	90
環境衛生管理業務	10, 11, 12
環境性能効率	160
環境ラベリング	160, 161
監視カメラシステム	150
感染症	40, 41
感知器	122
貫流ボイラー	114, 115
機械式駐車場設備	136
機械室	134, 135
危険物取扱者	138
揮発性有機化合物	50
救助袋	130, 131
キュービクル式受変電設備	84, 85
強化液消火器	126
凝縮器	106, 107
空気調和設備	100
空気膜構造	140, 141
空気・水方式	102
クーリングタワー	110
区分開閉器	84, 85
クマネズミ	70, 71
クマリン系殺そ剤	70
グリース阻集器	67
クロゴキブリ	72, 73
クロスコネクション	64
ケナガコナダニ	75
煙感知器	122, 123
限時特性試験	88, 89, 90
建築環境総合性能評価システム	160
建築構造	140
建築物衛生法	168
建築物環境衛生管理技術者	138, 168, 169
建築物・設備保全業務	10, 11
高圧配電線路	84, 85
高置水槽方式	54, 55
交通誘導警備業務	16
鉱物繊維系	145
ゴキブリ	72, 73
個別制御方式	100, 101
コンクリート	142, 143
コンストラクションマネジメント	158
ゴンドラ	38, 39
混和剤	142

最小動作電流試験	88, 90
殺そ剤	70, 76
殺虫剤	76, 77
雑踏警備業務	16
雑用水	58, 64
雑用水設備	64
差動式分布型	122
産業廃棄物	78, 79
シェル構造	140, 141
地震時管制運転装置	135
施設警備業務	16
自然素材系	145
自動火災報知設備	122
自動床洗浄機	30, 31
しみ	26, 28, 29
車両下部検査カメラ	155
車両突入防止機	155
車両ナンバー識別・記録装置	155
集積室	80, 81
じゅうたん洗浄機	30
受信機	122, 123

受水槽	54, 55
受変電設備	84, 85, 86
消火設備	126
蒸気サイクル	112
蒸気ボイラー	112, 113
上水	58
常駐警備	150
消毒	40
蒸発器	106, 107
消防設備士	124, 138
消防設備点検資格者	124, 125
初期火災	127
伸縮継手	68
震度	132
身辺警備業務	17
水管式ボイラー	114, 115
水道水	58
水道直結増圧方式	57
水道直結方式	56, 57
水道法	58
水分	82
スクイージー	32, 33
スクリュー圧縮機	108
スプリンクラー設備	126, 128, 129
スプリンクラーヘッド	128, 129
滑り台	130, 131
スランプ値	142
制振	132
清掃管理業務	10, 11, 12
清掃業務	20, 21
清掃の5原則	20
生体認証システム	156
生物処理法	66, 67
精密点検	92, 93
折版構造	140, 141
セキュリティシステム	150
セクショナルボイラー	114
絶縁耐力試験	87
絶縁抵抗計	86, 87

絶縁抵抗測定試験	86, 87
絶縁破壊電圧試験	90
絶縁油試験	90
絶縁油耐電圧試験器	90, 91
接地抵抗計	88
接地抵抗測定試験	88, 89
接地抵抗値	88
設備管理業務	10, 11, 14
セメント	142, 143
繊維強化プラスチック	144
全空気方式	102
全酸価試験	90
全水方式	102
全体制御方式	100
ゾーン制御方式	100, 101

タ行

ターボ圧縮機	108
耐震	132
大腸菌	58
ダクト	116
ダクト併用ファンコイルユニット方式	103
多段式	136
ダニ	74, 75
ダニアレルゲン	52
タワー式	136
単一ダクト方式	102, 103
断熱材	145
短絡接地器具	94, 95
単列重ね型	136, 137
地区音響装置	122
蓄電池試験	90
窒素酸化物	50
チャバネゴキブリ	72, 73
中央加熱給湯方式	68, 69
鋳鉄製ボイラー	114, 115
厨房除害設備	66

172

チョウバエ	74, 75
貯水槽	60, 61
地絡継電器	90
地絡継電器試験	90, 91
通気管	66
通路誘導灯	130, 131
吊り構造	140, 141
定温式スポット型	122
定期清掃	22
定期点検	92, 93, 96
抵抗性	76
停電操作	94
出入管理	154
デシカント空調方式	104
鉄筋コンクリート構造	140
鉄骨構造	140
鉄骨鉄筋コンクリート構造	141
電気火災	126
電気工事士	138
電気掃除機	30
電撃殺虫器	73
電動床みがき機	30
特定建築物	168
特別管理一般廃棄物	78, 79
特別管理産業廃棄物	78, 79
都市ガス	120, 121
ドブネズミ	70, 71
トラス構造	140, 141
トラップ	66, 67
ドレンチャー設備	129

ナ行

二重ダクト方式	102
日常清掃	22
日常点検	92, 93
認証装置	154
ねずみ	70、71

熱感知器	122, 123
粘着トラップ	76, 77

ハ行

廃棄物	78, 79, 80, 81, 82
排水槽	62, 63
排水ポンプ	62, 63
灰分	82
ハエ	74, 75
バキュームブレーカー	65
爆発物・麻薬探知機	154, 155
ハツカネズミ	70, 71
パッケージユニット方式	104, 105
発信機	123
発泡プラスチック系	145
バテナイフ	33
ヒートポンプユニット方式	104, 105
光干渉ガス測定器	46, 47
火盛り期	127
非常用照明	131
避難器具	130, 131
避難口誘導灯	130, 131
避難タラップ	131
避難はしご	131
ヒヤリ・ハット（報告、事例）	24, 25, 42
ヒョウヒダニ	75
避雷器	98, 99
ビル管理技術者（ビル管理士）	138, 168
ビル設備管理技能士	14
ファシリティマネジメント	148
ファンコイルユニット方式	102, 103
複層ガラス	144, 145
複列交差型	136, 137
浮上分離法	66, 67
普通火災	126
浮遊微生物	53
ブラシ類	32

プラスチック材料	144
フラッシュオーバー	127
プランジャー	32
フレキシブル型継手	132, 133
フレッシュコンクリート	142
フロート板ガラス	144, 145
プロパティマネジメント	158, 159
粉じん	46
粉末消火器	126, 127
噴霧器	76, 77
平行乗り継ぎ型	136, 137
閉鎖型ヘッド	128
保安警備業務	11, 16
ボイラー	112, 113, 114, 115
ボイラー技士	138
ボイラー負荷	112
ほうき	32
膨張弁	106, 107
ほこり	26, 28
保守点検	92, 93
骨組構造	140, 141
ホルムアルデヒド	48
ポンプ直送方式	56, 57

マグニチュード	132
マシーンルームレスエレベーター	134
マルチゾーンユニット方式	102
水セメント比	142
ミスト器	76
密閉型冷却塔	110
免震	132
木構造	140
モップリンガー	33
モップ類	32
モルタル	142, 143

油圧式	134, 135
誘引ユニット方式	102, 103
誘導標識	130
郵便物専用金属探知機	155
遊離残留塩素	58
輸送警備業務	17

ライフサイクルアセスメント	146
ライフサイクルコスト	146
ライフサイクルマネジメント	146
ラドンガス	51
リーシングマネジメント	158
臨時点検	93, 98, 99
冷却水	118, 119
冷却塔	107, 110, 111
冷凍サイクル	106, 107
冷凍トン	108
冷媒	106
冷媒方式	104
レシプロ圧縮機	108
漏電火災警報設備	124, 125
ローカルシステム	152
ロータリー圧縮機	108, 109
ロープ式	134, 135
露出配管	120
炉筒煙管ボイラー	114, 115

■写真提供

山崎産業株式会社、トラスコ中山株式会社、タカラベルモント株式会社、柴田科学株式会社、株式会社ジコー（http://www.jikco.co.jp/jigyo/other/gas/jikco/jko_25ver3.html）、新コスモス電機株式会社、関西セイキ工業株式会社、有限会社森山環境科学研究所、株式会社川本製作所、有限会社栄工業、岩崎電気株式会社、株式会社工進、株式会社SHIMADA、株式会社ムサシインテック、音羽電機工業株式会社、ホーチキ株式会社、倉敷化工株式会社、日本金属探知機製造株式会社、株式会社システムスクエア、帝国繊維株式会社、セコム株式会社、フォトライブラリー

■参考文献

『ポイントで学ぶ 建築環境・設備学読本[第3版]』田中毅弘　森北出版
『よくわかる 計画&環境・設備』田中毅弘　地人書館
『新版　建築物の環境衛生管理(上巻)』(財)ビル管理教育センター
『新版　建築物の環境衛生管理(下巻)』(財)ビル管理教育センター
『完全突破!　建築物環境衛生管理技術者 ビル管理技術者 受験テキスト』松浦房次郎・田中毅弘編著　森北出版
『ビル管理技術者試験合格テキスト』田中毅弘　秀和システム
『リスクとセキュリティを考えるビルマネジメントの新しい知識』セコム㈱・田中毅弘編著　技術書院
※上記、年度版の書籍については、本書の完成に至る最新版を参考文献としました

『絵とき ビルメンテナンス読本早わかり』設備と管理編集部編　オーム社
『絵で学ぶビルメンテナンス入門(改訂2版)』大浜庄司　オーム社
『新入社員のための実践ビル管理入門』塩澤忠義　オーム社
『電気設備が一番わかる』五十嵐 博一　技術評論社

■監修者紹介

田中毅弘（たなか・たけひろ）

東京都渋谷区生まれ。足利工業大学専任講師、関東学院大学助教授、東京工業大学大学院特別研究員、LECリーガルマインド大学教授・学部長補佐、LECリーガルマインド大学高度専門職大学院教授を経て、現在、東洋大学理工学部教授。工学博士、Ph. D.
主な著書に『建築設計資料集成（環境）』（共著、日本建築学会編、丸善）、『新版　建築物の環境衛生管理』（共著、㈶ビル管理教育センター）、『ビル管理技術者試験合格テキスト』（秀和システム）など。

- 執　筆　協　力　　酒井麻里子
- 装　　　　　丁　　中村友和（ROVARIS）
- 作図＆イラスト　　田中こいち、武村幸代、鶴崎いづみ、下田麻美
- 編　集＆DTP　　ジーグレイプ株式会社

しくみ図解シリーズ
ビルメンテナンスが一番わかる

2015年 1月25日　初版　第1刷発行
2017年 9月24日　初版　第2刷発行

監　修　者	田中毅弘	
発　行　者	片岡　巌	
発　行　所	株式会社技術評論社	
	東京都新宿区市谷左内 21-13	
	電話	
	03-3513-6150	販売促進部
	03-3267-2270	書籍編集部
印刷／製本	株式会社加藤文明社	

定価はカバーに表示してあります

本書の一部または全部を著作権法の定める範囲を超え、無断で複写、複製、転載、テープ化、ファイル化することを禁じます。

©2015　田中毅弘

造本には細心の注意を払っておりますが、万一、乱丁（ページの乱れ）や落丁（ページの抜け）がございましたら、小社販売促進部までお送りください。　送料小社負担にてお取り替えいたします。

ISBN978-4-7741-7062-6　C3052

Printed in Japan

本書の内容に関するご質問は、下記の宛先まで書面にてお送りください。お電話によるご質問および本書に記載されている内容以外のご質問には、一切お答えできません。あらかじめご了承ください。
〒162-0846
新宿区市谷左内町 21-13
株式会社技術評論社　書籍編集部
「しくみ図解シリーズ」係
FAX：03-3267-2271